Bruno Horst Bull (Hrsg.)

Die bunte Weihnachtskugel

Geschichten, Gedichte, Spielszenen

Don Bosco Verlag

Die Deutsche Bibliothek – CIP-Einheitsaufnahme

Die bunte Weihnachtskugel : Geschichten, Gedichte, Spielszenen / Bruno Horst Bull (Hrsg.).
- 1. Aufl. - München : Don-Bosco-Verl., 1993
   ISBN 3-7698-0752-9

1. Auflage 1993 / ISBN 3-7698-0752-9
© by Don Bosco Verlag, München
Umschlagabbildung und Illustrationen: Jarmila Marešová
Umschlaggestaltung und Zeichnungen S. 76 u. 84: Felix Weinold, Schwabmünchen
Gesetzt in der Times Roman
Gesamtherstellung: Salesianer Druck, Ensdorf

Gedruckt auf chlorfrei gebleichtem, umweltfreundlichem Papier.

Inhalt

Vorwort 7
Die bunte Weihnachtskugel 9
Nußknacker Bulli 10

Erste Adventswoche 12

In der ersten Woche im Advent machen wir mit bei der Weihnachtsbäckerei und erleben den Barbaratag. Wir basteln gemeinsam und hören Geschichten von Engeln ...

Adventsschnee im Überfluß 12
Advent, Advent 13
Das Rezept des Monats:
Winter-Leckerli 13
Die Honigkuchen-Pauline 14
Gut verrührter Kuchenteig 17
Tanja backt Plätzchen 18
Ein ganz besonderer Adventskalender 20
Bastelei am Abend 21
Es müssen nicht Männer mit
Flügeln sein 22
Das vergessene Geburtstagskind
oder
Die Weihnachtsbotschaft des Engels 22
Auf Wolken schweben 25
Als Oma ein Engel war 25

Zweite Adventswoche 28

In der zweiten Adventswoche kommt der Nikolaus! Wir erinnern uns, wie es früher einmal war, bauen einen Schneemann ...

Schneeräumen 28
Ein Frechdachs nimmt den Mund
sehr voll 29
Die Geschichte vom beschenkten
Nikolaus 29
Pech in der Nikolausnacht 30
Von den armen Kindern im Schnee 30
Tröpfchen 31
Eine rätselhafte Geschichte 32
Der Schneemann 33
Der wandernde Schneemann 33
Nicht vergessen! 34
Die allerschönste Weihnachtsfreude 34
Wenn's tropft im Advent 35

Dritte Adventswoche 36

In dieser Woche verbringen wir einen Tag am warmen Ofen, feiern Advent in der Schule, gehen auf einen Christkindlmarkt ...

Im Sommer taug ich nichts 36
Dämmerstündchen 37

Was der Igel verschläft	39
Andreas im Krippenspiel	40
Pippa freut sich wieder	43
Steffi hat „abgebacken"	44
Der Tannenbaum aus Plastik	45
Lieber, altvertrauter Christkindlmarkt	46

Vierte Adventswoche ... 48

Jetzt – höchste Zeit für Geschenke! Wir schreiben unseren Wunschzettel und spielen Kasperltheater, damit die Zeit schneller vergeht – und dann kommt der Heilige Abend ...

Ans Schenken denken	48
Der Elefant	49
Mit Überlegung schenken	49
Schlaumeierleins Wunschgebet	50
Wie Joschi zu seinem Meerschweinchen kam	50
Ich hab so viele Wünsche	53
Weihnachtswünsche	53
Eine verrückte Bescherung	54
Eine gelungene Überraschung	59
Kasperltheater im Türrahmen	62
Kasperls Wurzelbaum	63
Der Kasperl und der Nikolaus	64
Das Geschenk	69
Weihnachten steht wieder vor der Tür	70

Weihnachten ... 72

Wir feiern das Weihnachtsfest und denken über das Wunder von Betlehem nach. Wir verbringen lange Winterabende, vertreiben uns die Zeit mit Singen und Malen ...

Damit wir Weihnachten feiern können	72
Nun setz dich doch endlich mal hin	73
Krach in der Keksdose	73
Weihnachten beim Weihnachtsmann	75
Zwillings-Weihnachtsmänner	76
Was macht der Weihnachtsmann, wenn Weihnachten vorbei ist	77
Der Weihnachtshahn	78
Die fleißigen Helfer des Christkinds	81
Die Weihnachtsstraßenbahn	82
Zwei Kugeln sind gleich	84
Weihnachten diesmal in Afrika	85

Jahreswechsel und Dreikönig ... 86

Wir wünschen einander ein gutes neues Jahr und machen uns als Könige auf den Weg ...

Neujahrsspruch für einen kleinen Glücksboten	86
Berliner sterben zum Jahresende	87
Herrn Schottels Silvesterfreude	88
Ein sonderbares Silvestergespräch	88
Der Wicht mit dem Füllhorn	88
Der Mann des Monats	91
Zum Neujahrsumzug der heiligen drei Könige	92
Der echte Dreikönigszug	92

Vorwort

Spätestens wenn Ende November in den Straßen die ersten Stände für den Weihnachtsmarkt aufgebaut werden und es in den Schaufenstern verheißungsvoll glitzert und funkelt, fällt es dem letzten auf: es wird wieder Weihnachten. Dabei kommt man leicht in Gefahr, zunächst einmal etwas zu übersehen. Denn bevor wir am 24. Dezember die Geburt Jesu feiern, kommen erst die Wochen des Advent, die Zeit des Wartens und Vorbereitens.

Der Advent gehört wesentlich zum Weihnachtsfest. Er stellt für die Christen die Vorbereitungszeit auf die Feier der ersten Ankunft des Retters dar.

Wer Zeit zum Warten hat, der hat auch Zeit zum Feiern. Jedes Fest braucht eine Vorbereitung, in der man langsam aber sicher auf das große Geschehen zugeht. Wer gleich am ersten Tag alles hat, worüber soll der sich freuen, wenn das Fest dann wirklich beginnt? Wenn die Zeit aber sinnvoll genutzt wird, dann freue ich mich jeden Tag ein bißchen mehr. Dann kommt die Vorfreude auf, die nicht nur Kindern guttut.

Wie kann man sich auf Weihnachten vorbereiten? Die bunte Weihnachtskugel möchte mit ihrem Schimmer und Glanz Sie durch diese Zeit begleiten. Langweilig wird es sicher nicht, denn viele Geschichten laden ein zum Nachdenken und Träumen, Gedichte und Verse werden Sie zum Schmunzeln herausfordern und die Anregungen zum Basteln und Spielen geben viele Möglichkeiten, die langen Abende kurzweilig zu gestalten.

Die bunte Weihnachtskugel ist ein Werkbuch für Familie, Kindergarten und Grundschule. Dennoch – oder gerade weil es Kinder ansprechen will – wird es auch den Großen gefallen, die in dieser Zeit sich gerne an die Advents- und Weihnachtszeit (vergangener Tage) daheim erinnern.

Weihnachten ist ein besonderes Fest. Wenn die „bunte Weihnachtskugel" mit dazu beitragen könnte, dann würden sich die Autoren freuen.

Die nicht gekennzeichneten Beiträge stammen vom Herausgeber.

Die bunte Weihnachtskugel

Still sitz ich im Weihnachtszimmer
und starr' auf den Tannenbaum:
In der bunten Weihnachtskugel
spiegelt sich der ganze Raum!
Mutter stellt den Weihnachtsstollen
grad auf den gedeckten Tisch,
und gespiegelt in der Kugel
lockt er sehr verführerisch.
Axel spielt mit seinen Pferden,
die jetzt vor der Heizung stehn;
in der bunten Weihnachtskugel
sind auch sie genau zu sehn.
Immer auf das Glas zu schauen,
das ist's, was mir heut gefällt:
In der bunten Weihnachtskugel
spiegelt sich die ganze Welt!

Nußknacker Bulli

In jeder Winternacht, wenn der Schnee durch die Dachluken rieselt und die Leute in den Häusern schlafen, geschieht in unserer Stadt im alten Haus Wacholderblattgasse Nummer fünf etwas ganz Verwunschenes. Dann steigt ... aber es ist besser, ich beschreibe zuerst den Weg dorthin: die Haselstrauchallee geradeaus, die siebenundzwanzigste Gasse links hinein. Dort die vierte nach rechts – das ist die Wacholderblattgasse. Auf der rechten Seite findet man ein Gartentor, einen Meter zwanzig breit, aus Brettern und unauffällig. Dahinter wächst ein Garten: Stachelbeersträucher, Holunderbeerbüsche und Blumen. Im Winter natürlich nicht, dann ist alles weiß vom Schnee. Hinten in dem Garten steht ein altes Haus. Mitten in dem Haus ist eine alte Tür. Hinter dieser Tür in der Stube sitzen zwei alte Leute, ein Mann, eine Frau, sie trocknen Kürbiskerne für die Spechte, braten Äpfel und wärmen sich.
Aber da ist es nicht!
Man muß über die Holztreppe nach oben. An zwei Zimmern vorbei und auf den Dachboden. Und da steht hinter dem zweiten Balken eine Spielzeugkiste.
Jetzt fängt die Geschichte richtig an!
In jeder Winternacht also hört man aus dieser Spielzeugkiste ein verwunderliches Geräusch. Ich vergaß noch zu sagen, wer in der Kiste wohnt. Da wäre zuerst ein Vogel aus Holz, den hat der Vater geschnitzt. Eine Puppe und das Krokodil Belebambamdiwolokarambam Fibutz, das hat die Mutter aus Stoff genäht. Noch eine alte Feuerwehr, ein Tintenkaspar, ein Bär mit Wackelkopf, zwei Papierengel und ein Bleisoldat.
Und – jetzt fängt die Geschichte ganz richtig an: Bulli Nußknacker, ein alter Lügenbaron, ein Nachtschwadronierer, ein Zweitausendsassa. Jede Winternacht also steigt auf einmal der alte Nußknacker aus der Kiste, schiebt den Deckel beiseite und setzt sich auf den Kistenrand. Ich muß noch schnell sagen, daß er eine grüne Jacke hat, Pferdestiefel, ein bewegliches Bein und einen Schnurrbart so groß wie ein Baum. Seine Zähne sind so stark (das hat er selber gesagt) wie eine Eisenbahn mit einundzwanzig Güterwagen.
Dann klettert also Bulli Nußknacker auf den Kistenrand, wackelt mit dem beweglichen Bein und singt:
„Hört mal her, ihr lieben Leute!
Ich, der Bulli, erzähl euch heute
eine wunderbare Geschichte,
indem ich von meinen Taten berichte."
Und dann kommen sie alle heraus aus der Spielzeugkiste: der Vogel aus Holz und das Krokodil und alle und setzen sich rings um Bulli. Spitzen ihre Ohren und sagen:
„Los, Bulli! Fang an, und bitte nicht lügen!"
Und an jenem Abend, den ich meine, erzählte er eine Weihnachtsgeschichte.

„Vor etlichen – ich meine, es wären jetzt 70 Nußknackerjahre vergangen – vor etlichen Jahren also, da hatte ich eine Anstellung bei reichen Leuten in einem vornehmen Haus als Nüsseknacker. Ich war damals ein schmucker, junger Knacker, hatte Zähne weiß wie Kirschblüten und hart wie Eisen. Ich hätte jede Nuß auf der Welt knacken können, ehrlich. Aber mir ging es nicht gut bei den Reichen. Einmal beispielsweise, das war zu Weihnachten. Ihr wißt schon, an dem Tag, wo die Leute sich freuen sollen ..."

„Das stimmt", rief der Holzvogel, „ich war auch einmal dabei. Alle haben sich gefreut."

„An diesem Tag also erging es mir ganz schlecht. Der Bengel steckte mir Steine und Knöpfe zwischen die Zähne und ließ mich in die Stuhllehne beißen. Dabei lagen überall Nüsse herum, silberne, goldene und einfache. Niemand aß sie.

Ich war froh, als die Reichen schlafen gingen. Denn jetzt, Freunde, konnte ich allein Weihnachten feiern. Was ich tat? Ich sammelte die Nüsse auf, auch die goldenen und silbernen, trug sie aufs Fensterbrett, machte mit meinen Zähnen das Fenster auf, knackte alle Nüsse – ich weiß es noch, als wäre es vorgestern gewesen: es waren siebenhundertdreiundsiebzig – und fütterte damit die Vögel draußen auf dem Fensterbrett. Das war ein schönes Gefühl. Sie hatten doch Hunger. Und dann schlief ich ein.

Als der reiche Mann am nächsten Tag sah, was ich getan hatte, warf er mich hinaus. Das war meine Belohnung für die gute Tat. Auf der Straße fand mich ein armer Mann. Ihr wißt schon, Freunde, er wohnt hier bei uns, sitzt unten am Ofen und trocknet Kürbiskerne. Er wickelte mich in sein Taschentuch und trug mich nach Hause.

Damals hatte er sieben kleine Kinder und eine Schüssel voll Bucheckern, Aprikosenkerne, Haselnüsse, das waren ihre Weihnachtsnüsse. Ich durfte sie knacken. Freilich war das kinderleicht für einen starken Nußknacker, wie ich einer bin. Aber doch besser kleine Bucheckern zerbeißen und die Kinder freuen sich, als Steine für einen reichen Bengel! Und die sieben Kinder hier freuten sich. ‚Ein feiner Nußknacker', sagten sie zu mir, ‚und so schön!'

Der Vater sagte: ‚Er ist vom Himmel gefallen.'

Freunde, das war ein schöner Tag. Jetzt wohnen die sieben Kinder woanders. Aber wir hatten eine schöne Zeit."

„Das stimmt", sagten die anderen, krochen wieder in die Kiste und schliefen ein.

Wenn einer weiß, wo die Wacholderblattgasse ist, wenn er das alte Haus findet und die Kiste, kann er morgen hingehen. Und an der Tür lauschen, was Bulli Nußknacker erzählt.

Janosch

Erste Adventswoche

In der ersten Woche im Advent machen wir mit bei der Weihnachtsbäckerei und erleben den Barbaratag. Wir basteln gemeinsam und hören Geschichten von Engeln ...

Adventsschnee im Überfluß

Es schneit in dicken Flocken.
Das finde ich sehr fein.
Noch schöner wär es, könnte
der Schnee aus Zucker sein.
Hm! würde ich da schlecken!
Ich kriegte Magenweh
vom wundersüßen, weißen,
köstlichen Zuckerschnee.
Auch Mutter wäre glücklich.
Es freut' sie ungeheuer,
mit Zuckerschnee im Überfluß
wär Backen nicht so teuer!

Advent, Advent

Variationen zu einem Kinderlied

Advent, Advent,
der Postler rennt.
Reklame hat er eingesackt,
ist hint' und vorne voll bepackt.

Advent, Advent,
wer jetzt noch pennt
und kein Geschenk hat – gottogott! –,
bekommt im Kaufhaus nur noch Schrott.

Advent, Advent,
ein jeder kennt
Streß, Rummel, Hektik – immerzu;
von wegen „schlaf in himmlischer Ruh"!

Advent, Advent,
der Christbaum brennt –
vom Himmel heult Sirenenton:
die Feuerwehren freun sich schon.

Advent, Advent,
bald kommt dein End,
die „Stille Nacht" rückt rasch heran:
nun juble, Christ, stimm Lieder an!

Das Rezept des Monats: Winter-Leckerli

Man nehme einen weißen Hang am Rande eines verschneiten Dorfes und lasse einen frischen Eiswind drüberstreifen. Dann warte man bis zum frühen Nachmittag und decke einen wolkengrauen Himmel darüber. Nun nehme man einen kunterbunten Haufen fröhlicher Kinder, verpacke sie in farbenfrohe Mäntel, Schals und Pudelmützen, gebe nach Bedarf ein paar warme Wattejakken und Pelzstiefel hinzu und verquirle die Masse mit frischlackierten Holzschlitten und einem kläffenden Hund. Zum Schluß gieße man einen Schuß gute Laune und einen Spritzer Lebensfreude dazu. Zur Verzierung des Ganzen eignen sich rote Apfelbäckchen. Man heize das Gemisch mit fröhlichem Gelächter an und streue je nach Geschmack eine mehr oder minder dicke Schicht von frischen Schneeflöckchen darüber. Das alles ergibt ein Leckerli, das allen Kindern besonders gut mundet. In kleinen Portionen zerteilt, kann man diesen Genuß den ganzen Winter über haben.

Das Wort Leckerli kommt aus der Schweiz und ist ein süßes Gebäck zum Naschen.

Die Honigkuchen-Pauline

Pauline aß für ihr Leben gern Honigkuchen. Wenn die Adventszeit kam und die ersten Lichter angezündet wurden, hatte sie nur noch Honigkuchen im Kopf.

Wenn sie irgendwo ein weihnachtlich geschmücktes Schaufenster sah, und es lagen Honigkuchen im Fenster, dann verdrehten sich ihre Kulleraugen vor lauter Begeisterung.

Wenn sie an einer Konditorei vorüberkam und es roch nach Honigkuchen, dann konnte sie mit ihrer Stupsnase gar nicht genug schnüffeln, um möglichst viel von dem würzigen Duft einzusaugen. Und wenn ihre Mutter mit der Nachbarin über die Weihnachtsbäckerei sprach, dann lauschte das kleine Mädchen gespannt.

Eines Tages war wieder der erste Dezember da, Pauline spazierte gerade ganz allein mit ihrer Schultasche durch den Gemeindepark, als ihr ein fremder Herr begegnete, der ein bißchen altmodisch angezogen war und einen Stock mit einem silbernen Knopf in der Hand hatte.

„Guten Tag, Pauline", sagte der Fremde. „Wie geht es dir?"

„Danke! Sehr gut!" sagte Pauline, denn sie war ein höfliches Mädchen.

„Sag einmal", fragte der fremde Herr, „was wünscht du dir eigentlich vom Nikolaus?"

„Honigkuchen!" antwortete Pauline.

„Soso, Honigkuchen möchtest du haben. Und was wünscht du dir an den Adventssonntagen zum Kaffee, mein Kind?"

„Honigkuchen!" antwortete Pauline zum zweitenmal.

„Ebenfalls Honigkuchen?" fragte der Fremde und sah Pauline merkwürdig an. „Und was möchtest du zu Weihnachten haben?"

„Honigkuchen!" antwortete das Mädchen zum drittenmal.

Da machte der Herr ein nachdenkliches Gesicht, sah Pauline ein wenig von der Seite an und murmelte: „Honigkuchen! Immer nur Honigkuchen."

Seine Miene wurde plötzlich finster. Er steckte seinen Spazierstock mit der Spitze in den Boden, schritt dreimal um ihn herum, brummelte unverständliche Worte unter seinem Schnurrbart und stellte sich dann vor Pauline hin.

„So, du dumme Honigkuchen-Pauline", sagte er, „jetzt wirst du so viele Honigkuchen bekommen, wie du willst. Geh nur nach Hause. Du wirst schon sehen."

Pauline wußte nicht, was das alles bedeuten sollte. Sie lachte verlegen, sagte „danke", obwohl sie eigentlich nicht wußte wofür, und wanderte dann nach Hause. Dabei dachte sie immerzu an die vielen Honigkuchen, die der Fremde ihr versprochen hatte.

Als sie Fräulein Julius, ihrer Lehrerin, begegnete, sagte sie ganz in Gedanken „guten Honigkuchen", statt „guten Tag". Zum Glück bemerkte Fräulein Julius es nicht, und Pauline ging weiter.

Sie wanderte zu ihrer Freundin Bobby. Draußen schneite es. Die ganze Stadt sah aus, als ob sie mit weißem Zuckerguß bestreut wäre. Aber das Mädchen sah es nicht. Sie mußte immerzu an die vielen Honigkuchen denken, die der fremde Herr ihr versprochen hatte. So kam Pauline – ganz in ihre leckeren Gedanken vertieft – zu dem Haus, in dem ihre Freundin wohnte.

Sie klingelte, und da ging auch schon die Tür auf, und Bobby stand da. Sie hatte eine weiße Schürze umgebunden, die ihr viel zu groß war, und sie war sehr aufgeregt.

„Du, Pauline!" rief Bobby. „Wir dürfen Äpfel braten. Meine Eltern haben es mir erlaubt. Wir sind ganz allein im Haus. Komm herein!"

Ehe Pauline ein einziges Wort sagen konnte, hatte Bobby sie schon in die Küche gezerrt und ihr eine schrecklich lange, blaue Schürze umgebunden.

„So", sagte Bobby, „jetzt machen wir uns auf dem Herd Bratäpfel."

Und das taten die beiden Mädchen. Bobby redete dabei furchtbar viel und alles mögliche durcheinander. Aber Pauline hörte überhaupt nicht zu. Sie dachte nur an die Honigkuchen des fremden Herrn aus dem Gemeindepark.

Als der erste Bratapfel schön weich und knusprig war, schnitt Bobby ihn in der Mitte durch und gab Pauline eine Hälfte.

Pauline nahm den halben Apfel, biß hinein, machte ein erstauntes Gesicht, biß noch einmal hinein und wunderte sich.

„Der Apfel schmeckt ja genau wie Honigkuchen!" rief sie erfreut.

Bobby schüttelte den Kopf und sagte: „Meine Hälfte schmeckt wie ein gewöhnlicher Bratapfel. Laß mich mal ein kleines Stück von deiner Hälfte probieren!"

Pauline hielt ihr den Apfel hin, und Bobby biß ein Stück ab. Dann machte sie die Augen zu wie ihre Mutter, wenn sie Teig kostete, und kaute langsam und andächtig. Aber als Bobby den Bissen verschluckt hatte und die Augen wieder aufmachte, schüttelte sie abermals den Kopf.

„Deine Hälfte schmeckt genauso wie meine!" sagte sie. „Und alle beide schmecken wie ganz gewöhnliche Bratäpfel. Wie kommst du bloß auf den Gedanken, daß der Apfel wie Honigkuchen schmeckt?"

„Ich weiß nicht", sagte Pauline. Sie war sehr verwirrt.

Die beiden Mädchen aßen zusammen sieben Bratäpfel, und alle Hälften, die Pauline bekam, schmeckten wie Honigkuchen. Zuerst freute sich das Mädchen darüber. Aber allmählich wurde ihr dabei unheimlich zumute.

„Vielleicht hat der fremde Herr im Park mich verzaubert!" dachte sie und war froh, als die Braterei zu Ende war und sie sich beide die viel zu großen Schürzen abbanden. Als Pauline am Abend nach Hause kam, gab es zum Nachtmahl Frankfurter Würstchen mit Kartoffelsalat. Das Mädchen freute sich sehr auf die Würstchen. Denn nach den sieben halben Äpfeln, die allesamt wie Honigkuchen geschmeckt hatten, hungerte es sie nach etwas Salzigem.

Aber kaum hatte Pauline ein Stück Wurst verzehrt, da wurden ihre Augen vor Erstaunen so groß wie zwei Taschenuhren. Die Würstchen schmeckten nämlich auch nach Honigkuchen.

Da verlor Pauline jeden Appetit und aß nur ein halbes Würstchen und überhaupt keinen Kartoffelsalat. Sie wußte jetzt, daß sie verzaubert war und daß der Kartoffelsalat auch nach Honigkuchen schmecken würde.

Paulines Mutter war sehr besorgt, als das Mädchen fast nichts aß. Sie glaubte, Pauline sei krank, und steckte sie sofort ins Bett.

Aber selbst noch im Bett wurde Pauline noch von den Honigkuchen verfolgt. Sie träumte nämlich, sie sei in einem Haus aus Honigkuchen. Das Dach, die Mauern, die Türen, die Tische, die Stühle, die Lampen, sogar der Gartenzaun draußen: Alles war aus Honigkuchenteig gemacht. Es roch sehr süß und würzig in diesem Haus. Aber Pauline hatte genug von diesem Duft. Sie rannte aus der Haustür hinaus in den Garten. Aber auch dort roch es nach Honigkuchen. Denn von allen Bäumen, die im Garten standen, plumpsten kleine und große, runde und eckige Honigkuchen ins Gras, und überall, wo ein Honigkuchen vom Ast gefallen war, wuchs gleich ein neuer nach.

Pauline wurde von so viel Honigkuchen ganz wirr im Kopf. Sie lief schnell zur Gartenpforte, um von dort auf die Straße zu rennen. Aber als sie die Pforte erreicht hatte, stand plötzlich der altmodische Fremde vor ihr. Er hob seinen Stock mit dem silbernen Knopf und sagte: „Halt!"

Das Mädchen bekam einen furchtbaren Schreck und blieb ängstlich stehen. Da sagte der Fremde: „Dieses Haus und diesen Garten darfst du nicht verlassen, Pauline! Du mußt immer darinbleiben. Denn deine Wünsche sind nun erfüllt. Du hast so viel Honigkuchen wie du willst. Du brauchst nur ein Stück vom Zaun abzubrechen, wenn du Hunger hast. Er wächst gleich wieder nach!"

„Aber so hab' ich es gar nicht gemeint", sagte Pauline und fing gottserbärmlich zu weinen an. „Ich mag keinen Honigkuchen mehr sehen!" schluchzte sie. „Bitte, verzaubern Sie mich wieder in ein richtiges Mädchen! Ich möchte, daß die Bratäpfel wieder wie Bratäpfel schmecken und die Würstchen wieder wie Würstchen. Ich mag keine Honigkuchen-Pauline mehr sein!"

„Ja, wenn das so ist", sagte der fremde Herr, „dann werde ich dich halt wieder zu einem richtigen Mädchen machen."

Er bohrte seinen Spazierstock in die Erde, schritt dreimal um ihn herum, brummelte unverständliche Worte unter seinem Schnurrbart und stellte sich dann vor Pauline hin.

„So", sagte er dann, „jetzt ist alles wieder so, wie es war. Auf Wiedersehen!"

Pauline wollte „danke schön" sagen, aber da wachte sie plötzlich auf, und die Mutter stand an ihrem Bett und sah sie freundlich an.

„Na Kind, wie geht es dir heute?" fragte sie. „Hast du wieder keinen Appetit?"
„O doch!" rief das Mädchen. „Ich habe Hunger wie ein Elefant!" Die Mutter freute sich darüber und gab ihr ein weichgekochtes Ei zum Frühstück.
Pauline aß wie ein Scheunendrescher. Denn jetzt schmeckte nichts mehr nach Honigkuchen. Die Semmeln schmeckten wie Semmeln, die Marmelade wie Marmelade, und das Ei schmeckte wie ein ganz gewöhnliches, weichgekochtes Ei.
Seit dieser Zeit ist Pauline nicht mehr so wild auf Honigkuchen. Sie ißt ihn zwar immer noch gern, aber ebensogern ißt sie Äpfel oder Nüsse, Würstchen oder Pfannkuchen, Semmeln oder Butterbrote. Und wenn jetzt wieder der Advent kommt, dann freut sie sich nicht nur über die Honigkuchen, sondern über alles, was es gibt:
über die Puppen in den Fenstern,
über die Lichter am Adventskranz,
über die hübschen Lieder, die sie in der Schule lernt,
über die Bratäpfel und
über den Schnee.
Manchmal, wenn Pauline durch den Gemeindepark geht, sieht sie auch den fremden Herrn wieder. Dann sagt sie: „Guten Tag!" Und er antwortet: „Guten Tag, Pauline."
Nie mehr nennt er sie Honigkuchen-Pauline.

James Krüss

Gut verrührter Kuchenteig

Oma bereitet den Kuchenteig für den Weihnachtsstollen zu. Sie schüttet alle Zutaten in die Rührmaschine:
Weizenmehl, Markenbutter, Landeier, Zucker, Rosinen, Bittermandeln, Zitronenschale, Vollmilch, Speisesalz und Backpulver.
Dann schaltet sie die Rührmaschine ein, damit sich die Zutaten gut vermischen. Sie läßt den Mixer auf voller Stärke laufen. Bereits nach drei Minuten schaut sie nach.
Was ist aus den Zutaten geworden? Sie haben sich im Mixer vermischt:
Weizenbutter, Zuckermehl, Rosinenmandeln, Bittermilch, Eierschale, Landsalz, Markenpulver, Backzitronen, Vollspeise.
Das ergibt noch keinen gut durchgerührten Stollenteig.
Also, noch einmal aufs Neue! Der Mixer surrt, und nach fünf Minuten gibt's in der Rührmaschine: Backzitronenbutter, Zuckerweizenmehl, Salzeierschale, Landbittermilch, Rosinenmandelspeise, Vollmarkenpulver.
Wieder schaut Oma in den Mixer. Ist der Teig gut gerührt? Noch lange nicht! Also noch einmal mit voller Kraft gerührt. Was entsteht in der Rührmaschine? Nach weiteren acht Minuten sieht die Sache so aus:
Landbackzitronenbutterweizen, Zuckermehleierschale, Rosinenmandelspeisesalzpulver, Vollmarkenbittermilch.

Die Rührmaschine rührt und rührt. Kann sie die Zutaten noch besser vermischen? O ja! Schon nach drei weiteren Rührminuten kann die gute Oma das Ergebnis nachprüfen. Im Mixer gibt es:
Landbackzitronenbutterweizenpulver
Rosinenmandelzuckermehleierschale
Vollsalzmarkenbittermilchspeise.
Noch ist die Oma nicht zufrieden. Also wird weiter gemixt und gerührt:
Landzitronenbutterweizenpulvermehleierschale
Rosinenmandelzuckervollsalzmarkenbittermilchspeise.

Das ist noch nicht ganz das Richtige, doch nach einem nochmaligen Umrühren ist der Stollenteig endlich fertig. Es ist ein Christstollenteig nach Omas bewährtem Hausrezept. Woraus besteht nun dieser leckere Teig für die Weihnachtsbäckerei?
Nun, ganz einfach! Es ist ein Teig aus:
Vollbitterbackeierspeiselandbuttermarkenmandelmilchpulverrosinenschaleweizensalzzitronenzucker!
Hm! Köstlich wird er schmecken wie in jedem Jahr, der leckere Großmutterstollen.

Tanja backt Plätzchen

Vorigen Montag hatte Tanja der Mutter beim Plätzchenbacken helfen dürfen. Sie hatte gerührt und geknetet. Dann hatte die Mutter den Plätzchenteig mit dem Nudelholz ausgerollt, und Tanja hatte mit den Förmchen die Plätzchen ausgestochen, eins nach dem anderen. Das war wunderschön gewesen. Und Mutter hatte Tanja sehr gelobt. Als dann die Plätzchen gebacken waren, hatte die Mutter einige auf die Fensterbank gelegt. Tanja hatte es kaum erwarten können, bis sie kalt waren. Aber dann! Ja, dann hatten sie Tanja wunderbar geschmeckt.
„So, das ist genug!" hatte die Mutter gesagt und die anderen Plätzchen fortgetragen. „Die sind für Weihnachten!" Kein Wunder, daß Tanja seit Montag ihre Mutter jeden Tag bettelt: „Wollen wir wieder zusammen Plätzchen backen?" Doch am Dienstag hat die Mutter keine Zeit, und nicht am Mittwoch, und am Donnerstag auch nicht. So geht es bis zum Sonntag. Da ist es Tanja leid. Wenn die Mutter keine Zeit hat, dann will eben Tanja sich selbst an das Plätzchenbacken machen. Ja, das wird sie tun! Und das wird eine wunderschöne Überraschung für Mutter geben! Tanja wartet bis nach dem Mittagessen. Sie weiß, daß sich sonntags ihre Eltern immer für ein Stündchen hinlegen. Da muß Tanja auch ganz ruhig sein.
Ja, Tanja verspricht, ganz, ganz ruhig zu sein. Schließlich braucht man ja beim Plätzchenbacken auch keinen Lärm zu machen. Als Tanja allein in der Küche ist, holt sie

sich alles aus dem Schrank und aus dem Kühlschrank, was sie für das Plätzchenbakken braucht. Selbstverständlich hat sie vorigen Montag gut aufgepaßt. Sie stellt alles vor sich auf den Küchentisch: Mehl und Zucker, zwei Eier, Butter, Milch und das seltsame weiße Zeug in der kleinen Tüte, das die Mutter Backpulver nennt. „Ohne Backpulver klappt es nicht!" hat die Mutter gesagt. Und Tanja hat es sich genau gemerkt. Sie holt noch eine Schüssel und schüttet sogleich das Mehl hinein. Das staubt ein bißchen. Doch Tanja läßt sich von einem bißchen Staub nicht stören. Schließlich gibt es in der Küche genug Lappen, mit denen man später alles wieder wegwischen kann. Seltsam, als Mutter die Eier aufgeschlagen hat, ging alles so einfach! Tanja hat große Mühe, die Eier am Schüsselrand entzwei zu schlagen. Sie muß kräftig zuschlagen. Na, endlich! Jetzt hat es geklappt! Tanja kann sich allerdings nicht daran erinnern, daß Mutter die kaputten Schalen auch in die Schüssel geworfen hat. In den Plätzchenteig gehören sie jedenfalls nicht hinein.

So durchsucht Tanja mit beiden Händen vorsichtig das Mehl in der Schüssel und holt alle Eierschalen heraus, die sie findet. Beim Aufschlagen des zweiten Eies ist sie viel vorsichtiger. Und wirklich, keine einzige Eierschale fällt in die Schüssel. Da schadet es auch nichts, wenn das Eigelb an der Außenseite der Schüssel nach unten läuft und sich auf der Tischplatte breit macht. Tanja weiß sich zu helfen. Sie hält einfach die Schüssel unter den Tischrand und schiebt mit einer Hand den Eimatsch hinein.

Damit jetzt der Zucker und die anderen Sachen noch in die Schüssel kommen können, muß Tanja eine kleine Pause machen und ihre Finger ablecken. Aber dann begibt sie sich mit Schwung wieder an die Arbeit. Zucker und Backpulver, Milch und Butter landen sicher in der Schüssel. Als Tanja aber dann mit dem Rühren anfangen will, bereitet ihr das Butterstück Schwierigkeiten. So sehr Tanja auch dagegenschlägt, es will sich nicht auflösen.

Mit der Zeit wird es schon schmelzen, denkt Tanja und stützt ihre Arme in die Hüften, die vom vielen Rühren ein bißchen wehtun. Und dann fällt ihr ein, daß sie etwas ganz Wichtiges vergessen hat. Die Mutter hat noch ein kleines Glasfläschchen aus dem Schrank geholt. Sie hatte den Deckel abgeschraubt, und Tanja hatte alles in den Plätzchenteig gießen dürfen. Es hatte wunderbar gerochen. Ja, richtig! Zitronen-Aroma war in dem Fläschchen gewesen. Und Zitronen-Aroma will Tanja auch jetzt in jedem Fall an ihren Plätzchen haben!

Sie sucht zuerst im Schrank, dann im Kühlschrank, dann im Brotfach, im Gewürzschrank, in den vielen Schubladen ..., überall, wohin sie nur gelangen kann. Zitronen-Aroma kann sie nicht finden. Wenn es schon kein Zitronen-Aroma sein kann, dann muß es etwas anderes sein, das gut riecht, denkt Tanja. Gut riechen sollen Tanjas Plätzchen jedenfalls!

Da fallen ihr die kleinen Fläschchen ein, die Mutter im Bad in dem Schränkchen über dem Waschbecken stehen hat. Manchmal nimmt Mutter etwas davon und streicht es sich hinters Ohr. Sie hat auch schon einmal etwas auf Tanjas Taschentuch gespritzt. Das hat ganz herrlich gerochen! Tanja möchte, daß ihre Plätzchen auch so gut riechen.

Kurz entschlossen läuft sie zum Badezimmer. Aber der Schrank über dem Waschbecken ist so hoch, daß Tanja auch dann nicht herankommt, wenn sie sich auf ihre Zehenspitzen stellt oder am Waschbecken hochzieht. So läuft sie zur Küche und schleppt einen Küchenstuhl herbei. Der Stuhl ist so sperrig, daß es ordentlich Lärm macht, als Tanja mit ihm zum Badezimmer geht. Aber jetzt klappt alles wie geschmiert! Sie erreicht den Schrank, wenn sie sich nur ein bißchen reckt. Sie öffnet die Tür und greift nach dem ersten Fläschchen, das sie sieht.

Da steht plötzlich der Vater hinter ihr. Er sieht noch recht verschlafen und verknautscht aus. „Du wolltest doch keinen Lärm machen!" sagt er vorwurfsvoll. Dann schreit er: „Claudia! Sie hat dein Parfüm!" Natürlich, schon ist die Mutter auch da. Sie hilft Tanja, vom Stuhl herunterzusteigen. Dann fragt sie: „Was wolltest du denn mit dem Parfüm?" Da beginnt Tanja zu weinen. Sie weint so hemmungslos, daß Vater und Mutter ihre Arme um sie legen müssen. „Ich wollte euch doch überraschen!" jammert sie. „Jetzt ist alles verdorben. Die Butter schmilzt nicht ... und das gute Riech-Aroma habt ihr mir auch fortgenommen!"

Tanjas Mutter ist eine gute Hausfrau. Sie läßt sich nicht aus der Ruhe bringen, als sie Tanjas Teigschüssel entdeckt. Sie ist sogar eine ganz liebe Mutter. Sie holt die Butter aus der Schüssel und stellt sie in einem kleinen Topf auf den Herd. Und wirklich, dort beginnt sie sogar zu schmelzen.

Dann beginnt sie den Plätzchenteig anzurühren, und sie zaubert auch noch ein Fläschchen Zitronen-Aroma aus ihrer Einkaufstasche. Tanjas Mutter ist wirklich eine liebe Mutter. Tanja darf wieder beim Plätzchenbacken helfen. „Aber nur helfen!" sagt die Mutter zu Tanja. „Nicht mehr allein bakken! Versprichst du mir das?" In diesem Augenblick würde Tanja ihrer Mutter alles versprechen.

Rolf Krenzer

Ein ganz besonderer Adventskalender

Schau mal auf dem Kalender nach, und du wirst feststellen, Weihnachten ist gar nicht mehr so weit! Der erste Adventssonntag ist vorüber, und nun kommt die Zeit der fröhlichen Basteleien und kleinen Heimlichkeiten. Was liegt da näher, als an einen Adventskalender ganz besonderer Art zu denken, mit dem man kleinere Geschwister oder einen anderen lieben Menschen erfreuen kann: Du bastelst einen Adventsbaum!

Auf den Wochenmärkten und in Gärtnereien werden Ende November und Anfang Dezember die sogenannten Barbarazweige angeboten. Das sind knospenreiche Kirschen- oder gelbe Forsythienzweige (Forsythien sind ein aus China stammender Gartenstrauch), die man am Tag der heiligen Barbara, am 4. Dezember, in eine Vase stellt und ins warme Zimmer bringt. Wenn man den Zweigen reichlich warmes Wasser gibt, sind sie genau zu Weihnachten erblüht!

Barbarazweige holten sich schon unsere Vorfahren ins Haus. Sie überwarfen die Zweige mit einem Goldnetz, in das bronzierte Nüsse oder sogar Äpfel eingebunden waren. So waren die Barbarazweige auch schon vor der Blüte nicht mehr kahl.

Diesen „Trick" unserer Urgroßeltern machen wir uns zunutze: Wir binden an zwanzig große eingewickelte Bonbons Fäden mit Schlaufen und hängen die Süßigkeiten wie Weihnachtskugeln an unsere Barbarazweige. Dann verpacken wir vier kleine Geschenke (z.B. Spielautos, kleine Holzpüppchen, ein Halskettchen, einen Würfel oder einen Bleistiftspitzer) in kleine Päckchen, die wir bemalen oder mit Buntpapier bekleben, und hängen auch diese Päckchen auf: Fertig ist unser festlich geschmückter Adventsbaum! Bis Weihnachten dürfen wir uns nun jeden Morgen ein Bonbon abschneiden, um es genüßlich zu verspeisen. An jedem Adventssonntag aber öffnen wir eines der Päckchen. Wenn die Äste unseres Adventsbäumchens leergepflückt sind, sind sie nicht mehr kahl; es ist Weihnachten geworden, und die Zweige stehen in voller Blüte! Sie sind ein Geschenk für die ganze Familie.

Bastelei am Abend

Abends wird es jetzt immer sehr früh dunkel, aber das stört uns nicht. Wir haben es warm in unserem Zimmer, und auf dem großen Tisch steht eine Lampe, die einen milden Lichtschein hat. Wie gemütlich ist es da bei uns zuhause! Wir schnitzen und basteln bunte Spielsachen. Es ist Advent, die Zeit der kleinen Freuden und vielen, vielen Heimlichkeiten.

Oma rollt aus Seidenpapier kleine Blätter zusammen. Aus den Seidenpapierblättern entstehen Papierrosen. Oma versteht sich auf blühende Rosen genauso gut wie auf zarte Knospen aus Seidenpapier. Mutter bindet aus gelben Strohhalmen Weihnachtssterne. Vati bastelt an einem Buddelschiff, das ist eine besonders schwierige Aufgabe. Aber er schafft es! Und ich, was ich falte,

flechte, klebe oder nähe, willst du wissen?
Pustekuchen, ich verrate nichts! Das soll
doch ein Geheimnis bleiben. Am Heiligen
Abend, da kannst du alles anschauen und bewundern, wenn die vielen selbstgebastelten
Geschenke schön bunt verpackt unter dem
Tannenbaum liegen, denn:
Auch in diesem Jahr
basteln wir für den Geschenke,
der fast immer artig war!

Es müssen nicht Männer mit Flügeln sein

Es müssen nicht Männer mit Flügeln sein,
die Engel.
Sie gehen leise, sie müssen nicht schrein,
oft sind sie alt und häßlich und klein,
die Engel.

Sie haben kein Schwert, kein weißes Gewand,
die Engel.
Vielleicht ist einer, der gibt dir die Hand,
oder er wohnt neben dir, Wand an Wand,
der Engel.

Dem Hungernden hat er das Brot gebracht,
der Engel.
Dem Kranken hat er das Bett gemacht,
und er hört, wenn du ihn rufst, in der Nacht,
der Engel.

Er steht im Weg und er sagt: Nein,
der Engel,
groß wie ein Pfahl und hart wie ein Stein –
es müssen nicht Männer mit Flügeln sein,
die Engel.

Rudolf Otto Wiemer

Das vergessene Geburtstagskind
oder
Die Weihnachtsbotschaft des Engels

*Es treten auf: Katrin, Tobias und Stefan (drei Spielgefährten); der Engel.
Schauplatz: ein Zimmer bei Katrin zu Hause.
Es ist der 24. Dezember. Katrin, Tobias und Stefan sitzen zusammen und erzählen sich, was sie sich alles gewünscht haben und worauf sie sich am meisten freuen. Vor lauter Vorfreude schreien sie aufgeregt durcheinander.*
Katrin: Wenn's bloß schon soweit wäre! Ich halt's kaum noch aus vor Spannung!
Tobias: Noch neun Stunden bis zur Bescherung!

Stefan: Hoffentlich kriege ich das Fahrrad, das ich mir gewünscht habe! Mit Gangschaltung!
Katrin: Und ich den Fotoapparat und die Rollschuhe!
Tobias: Und ich die neue Ski-Ausrüstung!
Stefan: Mein Bruder kriegt 'n Motorrad. Der Papa hat's verraten!
Katrin: Meiner kriegt 'ne Stereo-Anlage!
Tobias: Und meiner 'nen Heimcomputer!
Stefan: Was gibt's denn bei euch zu essen?
Katrin: Gänsebraten natürlich! Den gibt's immer zu Weihnachten!
Tobias: Bei uns gibt's Pute! Und hinterher 'ne Eisbombe!
Stefan: Bei uns gibt's –

Stefan unterbricht seinen Satz, denn plötzlich klopft es an der Tür. Verwundert sehen die drei sich an.
Katrin: Habt ihr gehört? Ich glaube, es hat geklopft.
Tobias: Wer könnte das sein?
Stefan: Vielleicht Katrins Mutter?
Katrin: Meine Mutter? Die ist doch einkaufen gegangen!
Tobias: Oder dein Bruder?
Katrin: Der klopft doch nicht an, wenn er rein will!

Es klopft zum zweiten Mal – diesmal etwas lauter. Ängstlich rücken die drei zusammen.
Katrin (zaghaft): Hallo, wer ist denn da?
Stefan: Würden Sie uns bitte sagen, wer Sie sind?
Tobias: Sonst können wir nicht aufmachen!

Der Engel (öffnet einen Spaltbreit die Tür und schaut hinein):
Darf ich eintreten? Ich bin ein Engel. Ich habe eine Botschaft für euch!

Der Engel geht langsam auf die drei zu und verbeugt sich höflich. Katrin, Tobias und Stefan wissen nicht, wie sie sich verhalten sollen.
Katrin (fassungslos): Ein Engel?
Tobias (ebenso): Wirklich? Sie sind wirklich ein Engel?
Stefan: Aber wo kommst du denn her?

Der Engel (während die drei aufstehen und ihm zögernd die Hände reichen): Aus dem Himmel natürlich. Ich komme im Auftrag des Geburtstagskindes.
Katrin: Des Geburtstagskindes?
Tobias: Wieso denn Geburtstagskind? Wir haben doch Weihnachten und nicht Geburtstag!
Der Engel (lacht freundlich): Hab ich's mir doch gedacht! Ihr seid das zwölfte Haus, das ich heute besuche – und überall ist es das gleiche: Fotoapparate, Rollschuhe, Ski-Ausrüstungen, Computer – und für das Geburtstagskind bleibt nicht einmal ein Gedanke übrig.
Katrin (verständnislos): Wieso? Was für ein Gedanke soll denn übrigbleiben?
Tobias: Wie meinst du denn das?
Stefan: Man wird sich doch wohl noch was zu Weihnachten wünschen dürfen?
Der Engel: Nur, wenn ihr beim Wünschen auch mal an das Geburtstagskind denkt.

Klar? Ich hoffe, ihr habt mich verstanden. Und nun *(er wendet sich zum Gehen)* muß ich euch schnell wieder verlassen. Ich hab noch viel zu erledigen heute ... *(Von der Tür aus)* Auf Wiedersehen! Und vergeßt meine Botschaft nicht! Besonders nicht unterm Tannenbaum!
Der Engel verläßt das Zimmer. Katrin, Tobias und Stefan bleiben ziemlich ratlos zurück.
Katrin (nachdenklich): Geburtstagskind? Wenn ich nur wüßte, wen er damit gemeint hat ...
Stefan (ebenso): Ob der wirklich vom Himmel geschickt worden ist?
Tobias: Klar! Engel lügen doch nicht!
Katrin: Vielleicht kommt er noch mal wieder?
Stefan: Das wäre gut! Dann würden wir ihm sofort die Tür öffnen!
Tobias: Dann könnten wir ihn noch mal fragen...
Katrin (nach einer kurzen Pause): Wißt ihr was? Ich hab's!
Tobias: Was hast du?
Katrin: Ich hab die Lösung! Ich weiß, wen er gemeint hat!
Stefan: Und? Wen hat er gemeint?
Tobias: Los! Nun sag's schon!
Katrin: Er hat das Jesuskind gemeint! Das hat doch heute Geburtstag! Genau am Heiligen Abend! Stimmt's?
Stefan: Stimmt! Da war doch so was mit einem Stall ... in Betlehem.
Tobias: Und mit Maria und Josef, und mit der Krippe ... Und sie sind so arm gewesen, daß das Jesuskind auf Stroh schlafen mußte!
Stefan: Daß uns das nicht eher eingefallen ist ...
Katrin: Hauptsache, es ist uns überhaupt eingefallen!
Tobias: Also, wenn ich wirklich meine Ski-Ausrüstung kriege –
Stefan: – und ich mein Fahrrad –
Katrin: – und ich meinen Fotoapparat und die Rollschuhe –
Tobias: – ich schwöre, daß ich dabei an das Jesuskind denke!
Stefan: An das Geburtstagskind!
Katrin: Eigentlich ist es ganz gut, daß der Engel uns besucht hat. Oder? Von allein wären wir womöglich nie darauf gekommen!

Roswitha Fröhlich

Auf Wolken schweben

Auf einer Wolke schwebt ein Engel.
Was tut der Bengel
dort oben im Blau?
Der Engel, schau,
ist dort zuhaus.
Er ruht sich auf
der Wolke aus.
Auch du würd'st als Engel
auf Schneewolken schweben.
Vielleicht wirst du das
irgendwann mal erleben.

Als Oma ein Engel war

Jeden Abend will Anna von Oma eine Geschichte hören. „Am liebsten hab ich Geschichten von früher", erklärt Anna. „Erzähl mal von Weihnachten, als du noch klein warst!"
„Jedes Jahr gab's im Gesangverein eine große Weihnachtsfeier", beginnt Oma ihre Geschichte. „Als ich sechs Jahre alt war, sollte ich auf der Bühne einen Engel darstellen. Einen Engel! Ich bin bald geplatzt vor Stolz. Eigentlich war ich alles andere als ein Engel. Das meinten auch meine Eltern. Aber bei der geplanten Weihnachtsfeier sollte ich wenigstens ein bißchen aussehen wie ein Engel. Also sind meine Eltern darangegangen, für mich ein Engelskostüm zu zaubern. Zuerst hat meine Mutter in der großen Wäschetruhe gekramt und ein Bettuch gesucht. Ein altes, das nicht mehr geflickt werden konnte, denn meine Mutter war eine sparsame Hausfrau.
Ich hab ein bißchen gemurrt, weil die anderen Engel Kleider aus neuem Stoff bekamen. Aber meine Mutter hat gesagt: ‚So ein Unsinn, das alte Laken tut's! Auf die kleinen Löcher kleben wir Goldsterne'. So einfach war das für meine Mutter!
Dann hat sie das Bettuch auf den großen Küchentisch gelegt und in die Mitte ein Loch geschnitten. Ich mußte immer wieder anprobieren, bis das Loch so groß war, daß mein Kopf durchpaßte. Dann schnitt Mutter das Tuch so zu, daß es ein weites, langes Hemd mit Flügelärmeln wurde.

Ich hätte mich zu gerne in ganzer Größe in einem Spiegel gesehen. Aber der einzige Spiegel, den wir besaßen, hing über der Waschkommode im Schlafzimmer meiner Eltern. Ich stieg auf einen Schemel, schob die buntbemalte Waschschüssel mit der großen Kanne darin an die Seite und erblickte im Spiegel den oberen Teil eines kleinen Engels. Ulkig sah der aus! Richtig komisch! Ich streckte mir die Zunge heraus und stellte fest, daß ich einem Gespenst ähnlicher war als einem Engel. Ich machte vor dem Spiegel allerlei Hokuspokus und flatterte wie wild mit meinen Flügelärmeln. Wie eine Fledermaus sah ich dabei aus.

‚Warte ab, ich mache schon einen richtigen Engel aus dir', tröstete mich meine Mutter.

Während ich noch auf dem Schemel stand, schnitt sie das Engelhemd auf die richtige Länge zu. Dann nahm sie den gewölbten Deckel von der Nähmaschine und begann zu nähen. Mir machte es Spaß, zuzusehen, wie sie das Trittbrett mit den Füßen hin und her bewegte und die Nähmaschine wie wild losratterte.

Zuletzt nähte die Mutter ein goldenes Band um den Halsausschnitt. In einem Kasten fanden wir Reste von Goldpapier. Daraus schnitt meine Mutter kleine und größere Sterne. Sie paßte auf, daß kein Schnippelchen Goldpapier verlorenging.

‚Irgendwann kann man es wieder gebrauchen', sagte sie und legte die Reste wieder zurück in ihren Sammelkasten.

Jetzt rührte Mutter in einer Tasse Mehl und Wasser zu einem Brei an.

‚Das ist der beste und billigste Klebstoff, den es gibt', meinte sie. Wir bestrichen die Sterne mit dem Mehlbrei und klebten sie auf die Löcher des Engelhemdes, so daß es bald glänzte und glitzerte. Unterdessen hatte mein Vater aus Pappe zwei große Flügel ausgeschnitten und mit Goldbronze bemalt. Mit Gummibändern konnten die Flügel auf meinem Rücken in die richtige Lage gebracht werden.

Allmählich sah ich einem Engel schon ähnlicher. Aber etwas Wichtiges fehlte noch. Niemand stellt sich einen Engel mit langen Zöpfen und roten Haarschleifen vor. Ein richtiger Engel hat Engelhaar. Also zauberte mir meine Mutter Engelhaar auf den Kopf. Alles was sie dazu brauchte, war Zuckerwasser. Damit bestrich sie meine Haare und machte mir den ganzen Kopf voller kleiner Zöpfchen.

‚Wenn du morgen aufstehst, bist du ein richtiger Engel mit Engelhaar', versprach mir meine Mutter.

Sie hatte recht. Als am nächsten Morgen die Haare ausgebürstet waren und ich in den Spiegel schaute, erkannte ich mich selbst nicht wieder. In meiner Lockenpracht sah ich aus wie ein Pausbackenengel.

Ich war mächtig stolz, daß ich auf der Bühne direkt neben der Krippe stehen durfte. Alle waren dabei, als sich der Vorhang im Saal öffnete: Maria und Josef, die Hirten, die drei Könige und viele Engel. Keiner durfte etwas sagen, keiner sich bewegen. Nur still dastehen, nicht mit der Wimper zucken, während ein junges Mädchen die Weihnachtsgeschichte erzählte.

Das Gummiband auf meinen Schultern fing an zu drücken, und bald trippelte ich unter meinem langen Gewand von einem Bein auf das andere.

‚Stillstehen!' zischelte mir der große Engel zu, der starr und steif neben mir stand.

Zu allem Unglück wurde jetzt auch noch ein Weihnachtslied gesungen, das, wie mir schien, kein Ende nehmen wollte. Endlich verhallte der letzte Ton des Liedes, und der Vorhang senkte sich.

Im Saal draußen wurde Beifall geklatscht, und hinter dem rotsamtenen Vorhang auf der Bühne verwandelten sich die stillen Engel in tobende Bengel. Alle waren froh, erlöst zu sein."

Ilse Bintig

Zweite Adventswoche

In der zweiten Adventswoche kommt der Nikolaus! Wir erinnern uns, wie es früher einmal war, bauen einen Schneemann ...

Schneeräumen

Es fiel der Schnee die ganze Nacht,
das Städtchen träumt in weißer Pracht.
Verschneit sind selbst des Zaunes Rippen,
jetzt heißt es eifrig schippen, schippen!
Seht, alle Kinder sind dabei,
sie schaufeln fröhlich mit Juchhei!
Wie flink sie heut die Arme regen!
Sonst kann man sie zu nichts bewegen,
doch heute – ist der Nikolaus.
Jetzt kenne ich mich richtig aus:
Sie schippen, selbst wenn's friert
und windet,
daß Nikolaus den Weg auch findet,
damit der gute, alte Mann
ihnen Geschenke bringen kann.

Ein Frechdachs nimmt den Mund sehr voll

Lotta, meine kleine Schwester,
fürchtet sich nicht vor Silvester,
wenn es böllert, wenn es knallt,
daß ins neue Jahr es schallt.
Doch am 6. im Advent
macht sie sich beinah ins Hemd;
denn da kommt ein alter Mann,
der zieht den Kindern die Hosen stramm.
Wer das ist, das weißt du ja,
letztes Jahr war er auch da.
Kommt zu mir der Nikolaus,
sag ich: „Grüß dich, altes Haus!
Zeig mir, was im Sack du hast,
her damit und aufgepaßt:
Sind die Sachen nicht so toll,
kriegst du von mir den Buckel voll!"

Ob man dem Frechdachs glauben soll?

Die Geschichte vom beschenkten Nikolaus

Einmal kam der heilige Nikolaus am 6. Dezember zum kleinen Klaus. Er fragte ihn: „Bist du im letzten Jahr auch brav gewesen?"
Klaus antwortete: „Ja, fast immer."
Der Nikolaus fragte: „Kannst du mir auch ein schönes Gedicht aufsagen?"
„Ja", sagte Klaus.

„Lieber, guter Nikolaus,
du bist jetzt bei mir zu Haus,
bitte leer die Taschen aus,
dann laß ich dich wieder raus."

Der Nikolaus sagte: „Das hast du schön gemacht."
Er schenkte dem Klaus Äpfel, Nüsse, Mandarinen und Plätzchen.
„Danke", sagte Klaus.
„Auf Wiedersehen", sagte der Nikolaus. Er drehte sich um und wollte gehen.

„Halt", rief Klaus.
Der Nikolaus schaute sich erstaunt um.
„Was ist?" fragte er.
Da sagte Klaus: „Und was ist mit dir? Warst du im letzten Jahr auch brav?"
„So ziemlich", antwortete der Nikolaus.
Da fragte Klaus: „Kannst du mir auch ein schönes Gedicht aufsagen?"
„Ja", sagte der Nikolaus.

„Liebes, gutes, braves Kind,
draußen geht ein kalter Wind,
koch mir einen Tee geschwind,
daß ich gut nach Hause find."

„Wird gemacht", sagte Klaus.
Er kochte dem Nikolaus einen heißen Tee. Der Nikolaus schlürfte ihn und aß dazu Plätzchen. Da wurde ihm schön warm. Als er fertig war, stand er auf und ging zur Türe.
„Danke für den Tee", sagte er freundlich.

„Bitte, gerne geschehen", sagte Klaus. „Und komm auch nächstes Jahr vorbei, dann beschenken wir uns wieder."

„Natürlich, kleiner Nikolaus", sagte der große Nikolaus und ging hinaus in die kalte Nacht.

Alfons Schweiggert

Pech in der Nikolausnacht

Ich hänge einen Strumpf ins Fenster
und warte auf den Nikolaus;
doch nächtens kommen die Gespenster,
die räppeln mir den Socken auf.
Kommt Nikolaus mit Gaben noch,
fall'n die Geschenke durch das Loch.
Der Strumpf bleibt leer, gar nichts ist drin.
Ich wart' vergebens auf Geschenke;
doch futsch ist futsch, und hin ist hin.

Der Opa sagt zu mir: „Ich denke,
du warst nicht brav, und Nikolaus
läßt dich mit seinen Gaben aus."
Das ist nicht wahr! Ein Spukegeist,
ein Nachthemdhüpfer frech durchtrieben,
ist schuld daran, damit du's weißt.
Kein Naschwerk ist im Strumpf geblieben.
Derweil ich schlief, hat unterdessen
der Spukgeist alles selbst gegessen.

Von den armen Kindern im Schnee

„Die Adventszeit nahte ihrem Ende; man sprach schon überall vom Weihnachtsfest. Dumpf und grau lag der Himmel über dem Land. Kein lauter Ruf der Freude schallte über die Fluren, kaum ein Schrei des Elends war vernehmbar. Gebrochen war jeder Klang, noch ehe er ertönte, erstickt jeder Strahl, noch ehe er erschimmerte ..."
So beginnt eine alte Weihnachtsgeschichte aus Urgroßmutters Jugendzeit. Es war immer kalt und eisig in diesen alten Geschichten; der Schnee wirbelte durch die Winterluft. Rührend und traurig waren die Weihnachts-Erzählungen. Sie handelten fast immer von barfüßigen Kinderlein, die sich in düsteren Großstadtstraßen oder irgendwo in der freien Natur verirrt hatten.
Niemand vermißte sie in den warmen Stuben der Reichen. Dort stand der Tannenbaum festlich geschmückt. Um die armen Kinder im Schnee kümmerte sich niemand, denn meistens waren es Waisenkinder. Sie wären in Eis und Schnee erfroren, wenn nicht jeweils im allerletzten Augenblick ein Schutzengelchen oder das Jesuskind persönlich einen Retter ausgesandt hätten.
So fand doch noch immer alles ein glückliches Ende; die Schneeflocken tanzten viel fröhlicher, und heimatliche Kirchenglocken läuteten die Weihnacht ein.

Heute sind diese schaurigschönen Geschichten aus der kalten Jahreszeit aus der Mode gekommen. Nach dem Kalender beginnt der Winter erst drei Tage vor Weihnachten. Die erste Dezemberhälfte gehört noch zum späten Herbst. Das scheinen die eifrigen Weihnachtsgeschichten-Erzähler von damals nie berücksichtigt zu haben. Frag mal deine Oma (oder Uroma), was sie von den Wintern ihrer Kindheit weiß. Sie wird dir sofort antworten: „Damals war alles viel, viel schöner ..."

Tröpfchen

Damals war ich ein kleines, mageres Kind auf dünnen Beinen. Und der Hund sah so ähnlich aus. Er saß bei uns vor der Tür und zitterte. Saß da und schaute uns an, kurzhaarig, schwarz, spinnenbeinig und hatte einen Tropfen an der Nase.
Meine Eltern holten ihn herein, und wir nannten ihn Tröpfchen. Das war in der Adventszeit. Ich hatte mir immer schon einen Hund gewünscht. Nun war ich glücklich. Ich spielte mit Tröpfchen, ging mit ihm spazieren, sprach und aß und schlief mit ihm.
Doch dann, eine Woche später, war Tröpfchen plötzlich verschwunden.
„Vielleicht gehört er irgendwohin", sagte mein Vater. „Er wird wieder nach Hause gegangen sein."
Ich war der Meinung, daß er sich verlaufen hatte. Oder er war entführt worden. Nie hätte mich Tröpfchen im Stich gelassen!
Meine Eltern riefen bei der Polizei an und im Tierheim. Sie gaben eine Anzeige in die Zeitung, wir fragten die Nachbarn und klebten Zettel an die Bäume.

„Kleiner Hund entlaufen, schwarz, dünn. Hört auf den Namen Tröpfchen. Belohnung!"
Das war kurz vor Weihnachten. Tröpfchen tauchte nicht auf. Die Welt war grau und trostlos, und ich wollte nichts vom Christkind. Nur mein Hund sollte wiederkommen. Abends stand ich am Fenster und starrte hinaus in die Dunkelheit, bis meine Augen schmerzten und meine Seele auch. Natürlich hatte ich eine gewisse Hoffnung auf Weihnachten, das Fest, an dem wunderbare Dinge geschehen können. Und am Heiligen Abend meinte ich auch, in den Blicken meiner Eltern lesen zu können, daß etwas ganz Besonderes bevorstand.
Ich saß im Nebenzimmer, während sie den Christbaum schmückten. War da nicht ein leises Winseln zwischen dem Rascheln von Papier, dem Geflüster und der Weihnachtsmusik?
Das Tröpfchen! dachte ich. Das Tröpfchen ist wieder da!
Und das Glück lief mir den Rücken rauf und runter und machte mich ganz kribbelig.

Dann endlich, endlich bimmelte das Glöckchen. Die Tür ging auf, und da stand es – klein, schwarz, spinnenbeinig, und war ein Hündchen und war doch nicht das Tröpfchen. „Nein!" hab ich geschrien. „Nein!"
Und ich hab geheult und den Blick abgewendet von dem Tier, das jetzt zitterte wie mein Hund am ersten Abend, und das doch nur eine Nachahmung war.
Da saßen wir, ich mit dem Rücken zu allem, zu diesem unechten Tröpfchen, zu meinen Eltern und zu Weihnachten überhaupt, und das Hündchen irgendwo hinter mir.
Sicher blickte es mich aus den Augenwinkeln heraus an, wollte, daß ich aufstand und zu ihm hinging. Vielleicht war es traurig. Draußen läuteten die Kirchenglocken. Was konnte das fremde Hündchen dafür, daß alles so schrecklich war? Bestimmt hatte es glücklich sein wollen, und ich verdarb ihm nun alles. Weihnachten verdarb ich ihm, und vielleicht sogar sein ganzes Leben.
Das konnte ich natürlich nicht durchhalten. Ich wartete, bis meine Eltern nicht hinschauten und stand auf. Das Hündchen blickte mir wirklich entgegen. Jetzt wedelte es sogar mit dem Schwanz. Da hab ich es in die Arme genommen und hab es naßgeweint.

Gina Ruck-Pauquèt

Eine rätselhafte Geschichte

☆ = Stern   ◯ = Kugel   ∾∾∾ = Kette   ⬬ = Nuß   🕯 = Kerze

Vorge☆ saß Herr Hor☆st Dac◯ler mit seinen Schwe☆, der netten Babette und der ko∾∾∾n Nanette, bei Fin☆is vor dem kni☆den Kamin und aß mit Ge⬬ eine Schoko-Kro∾∾∾, zwei getrüffelte Rum◯n und anderes Zuc🕯ug.
Ge☆ schob Hor☆st Dac◯ler eine Dis∾∾∾ in den Computer und ergriff gerade den ◯schreiber, um das Kreuzworträtsel in der Handwer🕯itung zu lösen, als ein Paket für die Dac◯lers abgegeben wurde. Schnell eilten die Schwe☆ herbei. Der Pa∾∾∾xt war kaum zu entziffern, da ein Teil des Pakets, ein Pa∾∾∾il also, völlig fehlte. Den Geschwi☆ war so etwas bereits zweimal passiert. Einmal in der O☆acht, das andere Mal zur Zeit der Ob☆te.

Damals war es vorgeschrieben, daß man vorn auf Bussen und La[⋆] Pla[∞∞]n aufzukleben hatte. Fehlte die Pla[∞∞], fand man sich unversehens in einer Ker[🕯]lle wieder und mußte wochenlang auf den gewohnten We[⋆] im Fernseher verzichten, bekam weder Au[⋆] noch Kro[∞∞]n zu essen und auch keinen Honig. Den Imkern wurde die Im[🕯]itung weggenommen, den Bäckern der Bäc[🕯]ttel, Weckeruhren wurden die Wec[🕯]iger entfernt, selbst den Schu[⋆] nahm man die Sohle vom Schuh.

„Das waren damals", flüsterte Herr Dakk[◯]ler seinen Geschwi[⋆] zu, „sehr schlimme Zeiten!"

Aber sein Flü[⋆] war so leise, daß weder die nette Babette noch die ko[∞∞] Nanette auch nur ein einziges Wörtlein verstehen konnten.

Paul Maar

Der Schneemann

Der Schneemann liebt es kalt, ich weiß!
Er ißt kein kaltes Speiseeis,
doch sonst will ihm vor allen
das kalte Eis gefallen.
Auf heiße Liebe steht er nicht,
er kennt das Ende der Geschicht':
wird's heiß im Herzen ihm,
dann schmilzt er gleich dahin.
Drum könnte in den heißen Zonen
der weiße Kerl wohl niemals wohnen.
Er mag es bitterkalt, das weiß ich:
Der Schneemann liebt es eisig!

Der wandernde Schneemann

Auf dem Schneehügel haben die Kinder einen großen Schneemann gebaut. Er trägt Knöpfe aus Kohlestückchen an seinem weißen Rock und einen zerbeulten Kochtopf auf dem runden Kopf. Mitten im Gesicht hat er eine rote Rübennase.

Wenn die Kinder mit ihren flinken Rodelschlitten den Hang hinabgleiten, freut sich der Mann aus Schnee. Er hört gern fröhliches Kinderlachen. Und wenn bei einer lustigen Schneeballschlacht die Bälle fliegen, hat er daran seinen Spaß. In der Nacht jedoch ist alles öde und still um den Hügel herum. Nur der gelbe Mond scheint am Himmel, und die Wolken wandern. Dann ist der Schneemann ganz einsam.

Eines Nachts hat es der weiße Kerl satt, so ganz allein dazustehen. Kurz vor dem Morgengrauen macht er sich auf die Wanderschaft. Langsam, ganz langsam rollt er den Rodelhügel hinab. Mit seinem dicken Kugelleib und auf seinen kurzen Beinen kommt der Schneemann nur sehr gemächlich vorwärts. Als die Schüler zur Schule gehen, treffen sie den Schneemann auf der Hauptstraße, den absonderlichen Kerl. „Was suchst du hier?" fragen ihn die Buben und Mädchen.

„Ich suche Gesellschaft", seufzt der Schneemann kurzatmig. Das Wandern scheint ziemlich anstrengend für ihn zu sein.

„Unsereins ist nicht gern allein, besonders nicht in der Nacht."

Das können die Kinder nachfühlen. Sie verstehen den Wunsch des Schneemanns nach Geselligkeit. „Komm mit bis zum Schulhof", sagen sie zu ihm. „Der Weg ist nicht weit; du wirst es schaffen."

Der Schneemann setzt sich erneut in Bewegung. Schwerfällig stapft er vorwärts. Die Kinder schieben ihn von hinten; so geht es etwas schneller. Bald steht er mitten im Schulhof. Um ihn ist Leben und buntes Treiben. Fast jedes Kind bewundert ihn. Von allen Seiten wird er bestaunt.

„In der großen Pause bauen wir dir eine Schneefrau", versprechen die Kinder. „Dann bist du nicht mehr allein."

Der weiße Kerl freut sich. Eine richtige runde Schneefrau hat er sich schon lange als Partnerin gewünscht. Seine schwierige Wanderung war nicht umsonst: Er ist rundrum glücklich und zufrieden!

Nicht vergessen!

Der Winter kommt mit Schnee heran;
ans Fenster von Frau Hanselmann,
da pocht die Amsel: „Futter, bitte",
sagt sie, „so ist es heute Sitte!"
In unsrer Stadt vor jedem Haus
streut man den Vögeln Futter aus
zur Winterszeit, denn Not herrscht hier.
Indessen: Wie ist es bei dir?
Gib ihnen auch und nicht zu selten,
mit Liedern werden sie's vergelten!

Die allerschönste Weihnachtsfreude

In der Vorweihnachtszeit wird viel gewerkelt und gebastelt. Vater, Mutter und Geschwister wollen zum Fest beschenkt sein. Auch Oma und Opa freuen sich über ein selbstgemaltes Bild. Aber nicht jeden Tag kann man malen und basteln. Wenn der Schnee schön klebt, ist die Zeit gekommen, einen Schneemann zu bauen. Das ist ein Spaß für Jens und Bärbel. Bald steht eine dicke Schneefrau im Garten vor dem Haus. Sie ist dick und rund wie ein großes Faß. Auf dem Kopf trägt sie einen alten Kochtopf, den die Kinder mit Kohlstrünken garniert haben. So wurde aus dem alten Kochtopf ein richtiger Modellhut!

Das glitzernde weiße Kleid der Schneefrau ist mit schwarzen Kohlestücken verziert. Auch im Gesicht hat die Schneefrau zwei Kohlebröckchen, das sind die Augen. Eine dicke rote Rübe ist die Nase.

Als Bärbel und Jens am nächsten Morgen in den Garten gehen, ist die rote Nase der Schneefrau von einem hungrigen Vogel angepickt. Das sieht scheußlich aus; aber es macht die Kinder nachdenklich. Sie wissen jetzt, was sie zu tun haben: Nicht nur die Menschen sind zu Weihnachten dankbar für ein Geschenk. Auch die Tiere, und vor allem die Vögel, sollen im Winter nicht hungern.

Bärbel und Jens bauen ein Vogelhäuschen, um etwas dagegen zu unternehmen. Sie sind eifrig bei der Arbeit. Nur ein ganz klein bißchen lassen sie sich vom Vati helfen, damit alles seine Richtigkeit hat. Das Holzhäuschen wird mit Tannenzweigen bedeckt und an einer geschützten, aber gut sichtbaren Stelle im Garten aufgestellt. Ein grober Maschendraht schützt die gefiederten Sänger vor einem unliebsamen Katzenbesuch.

Jeden Morgen streuen die beiden den Vögeln Futter, das sie in einer Tierhandlung gekauft haben. Auch einen Meisenring haben sie aufgehängt. Daran können die kleinen Meisen schaukeln und sich gleichzeitig sattessen.

Vom Fenster aus beobachten Bärbel und Jens die Vögel, die sich am Futterhäuschen aufhalten. Sie scheinen sich alle hier wohlzufühlen. Die Kinder haben beschlossen, die Fütterung so lange fortzusetzen, bis der letzte Schnee getaut ist und die Wintervögel wieder in der freien Natur ihre Nahrung finden.

Für Bärbel und Jens ist dies die allerschönste Weihnachtsfreude, die sie sich selbst bereitet haben – mit ganz einfachen Mitteln und für wenig Geld!

Wenn's tropft im Advent

Es regnet ohne Unterlaß,
dabei ist es doch Winter!
Woher stammt dieses viele Naß?
Ich komm' schon noch dahinter.

Vielleicht ist die Frau Holle schuld,
die nicht die Betten klopft.
Ich denke mir, daß bei der Dame
die Waschmaschine tropft ...

Dritte Adventswoche

In dieser Woche verbringen wir einen Tag am warmen Ofen, feiern Advent in der Schule, gehen auf einen Christkindlmarkt ...

Im Sommer taug ich nichts

Ich glänze meist im glatten Kleid.
Man schätzt mich nicht in Afrika.
In Deutschland bin ich allezeit
und stehe auch in Kanada.
Wenn ich esse, wird mir warm,
wenn ich faste, friere ich.
Ist es Sommer, taug ich nichts,
doch im Winter sicherlich,
mein Freund, gebrauchst du mich.
Sage nun: Wie heiße ich?

(Ofen)

Dämmerstündchen

Heute abend sitzt die ganze Familie vor dem Fernseher und sieht eine lustige Spielsendung. Auch Susanne darf in der Vorweihnachtszeit etwas länger aufbleiben als sonst. Als sie schließlich im Bett liegt, ist sie noch ganz begeistert von den vielen Spielen, die die Leute im Fernsehen gemacht haben.
„Seltsam, ganz seltsam", murmelt Oma, die an Susannes Bett sitzt, „bei uns früher ... in der Zeit vor Weihnachten ... seltsam ..."
„Was ist seltsam?" fragt Susanne.
„Daß die Familien heute vor dem Flimmerkasten sitzen und zugucken, wie andere spielen." Oma schüttelt den Kopf. „Habt ihr denn eigentlich gar keine Lust, selbst etwas zu spielen?"
Susanne ist erstaunt.
„Ja, aber ... meinst du abends? Mit allen zusammen? Mit der ganzen Familie? Abends sehen doch alle fern. Jeden Abend. Habt ihr denn früher nicht ferngesehen?"
Jetzt muß Oma laut lachen. „Aber Susanne, du weißt doch, daß es damals noch gar keinen Fernseher gab, und ein Radio hatten wir auch nicht."
„Ach ja", sagt Susanne, „aber weißt du, Oma, ich kann mir das überhaupt nicht vorstellen. Kein Fernsehen ... kein Radio ... Da konntet ihr ja nicht mal Musik hören."
„Hören nicht", sagt Oma, „aber selber machen. Karlchen und ich haben uns oft einen Kamm mit Butterbrotpapier umwickelt und alle Lieder darauf geblasen, die wir kannten. Die reinste Katzenmusik war das, aber es hat Spaß gemacht."
„Mach ich auch mal", sagt Susanne. „Erzähl weiter, Oma! Was habt ihr denn abends gemacht?"
Oma holt ihr Strickzeug, überlegt eine Weile und fängt an zu erzählen.
„Das Licht durfte abends erst eingeschaltet werden, wenn es draußen stockdunkel war. Und dann sorgte mein Vater dafür, daß alle früh ins Bett gingen, damit nicht unnötig Strom verbraucht wurde. Aber die Zeit zwischen dem Sonnenuntergang und dem Einbruch der Dunkelheit war oft die schönste Zeit des ganzen Tages. Wir saßen alle – oft auch Verwandte und Nachbarn – um den großen Küchentisch herum, erzählten, sangen und machten ‚Gesellschaftsspiele', wie man damals sagte. In der Zeit vor Weihnachten gab's beim Dämmerstündchen oft noch eine besondere Überraschung: einen Bratapfel. Dämmerstündchen gehören zu den schönsten Erlebnissen meiner Kindheit. Die Geschichten, die uns meine Großmutter während des Dämmerstündchens erzählte, habe ich nie vergessen. In den Geschichten meiner Großmutter kamen Kaiser, Könige, Prinzen und Prinzessinnen vor. Aber das waren keine Märchen, sondern wahre Geschichten, die meine Großmutter selbst erlebt hatte.
Manchmal erzählten auch meine Eltern und die Nachbarn Geschichten von früher. Für

mich waren solche Geschichten die schönsten der Welt. Alle Leute konnten wunderbar erzählen, vor allem meine Großmutter. Vielleicht kam das daher, daß die Leute sehr häufig zusammensaßen und erzählten.
Aber manchmal wurden bei unseren Dämmerstündchen auch Rätsel geraten. Das machte auch den Erwachsenen viel Spaß. Jeder kannte damals eine Menge Rätsel. Wer eins geraten hatte, bekam ein Bonbon. Mein Freund Karlchen hätte am liebsten den ganzen Abend nur Rätsel geraten."
Susanne platzt heraus: „Bitte, Oma, ich möchte auch mal ein Rätsel raten. Ich kann bestimmt alle lösen."
„Du bist ja genau so ein Angeber wie mein Freund Karlchen", lacht Oma. Dann sagt sie: „Na warte, ich werde dich schon hereinlegen. Was ist das? Ich gehe alle Tage aus und bleibe doch im Haus."
Susanne denkt nach und gibt allerlei Antworten. Aber es stimmt alles nicht. Schließlich sagt Oma: „Das ist der Ofen, der früher im Zimmer stand, jeden Abend ausging und morgens wieder angemacht werden mußte."
Susanne sagt: „Das kann ich ja auch nicht wissen, bei uns gibt's doch eine Heizung."
Oma nickt und sagt: „Wir haben beim Dämmerstündchen auch Scherzfragen gestellt. Vielleicht kannst du die Frage beantworten, die mir gerade einfällt: Welcher Pelz kann essen und trinken?"
Susanne zieht ihre Stirn kraus: „Das gibt's gar nicht, kein Pelz kann essen und trinken."

„Doch", lacht Oma, „der Faulpelz. Und den gibt's auch heute noch."
Dann fallen Oma ein paar Schnellsprechsätze ein, mit denen sie früher viel Spaß hatten:
„Kleine Kinder können keine Kirschkerne knacken;
Fischers Fritz fischt frische Fische".
Beim Nachsprechen verschluckt sich Susanne fast vor Lachen. Dann sagt sie: „Erzähl weiter, Oma!"
„An den langen Winterabenden waren Gesellschaftsspiele sehr beliebt. Daran nahmen junge und alte Leute teil. Uns machten Pfänderspiele am meisten Spaß. Mein Lieblingsspiel war: ‚Alles, was Federn hat, fliegt hoch'. Da ging es Schlag auf Schlag. Einer rief:
‚Tauben fliegen ...' –
‚Eulen fliegen ...' –
‚Adler fliegen ...' –
Bei allen Tieren, die fliegen können, mußten die Arme hochgehoben werden. Aber dann hieß es plötzlich:
‚Schweine fliegen ...' –
Und wer dabei die Hand hob, mußte ein Pfand zahlen. Ich machte manchmal absichtlich einen Fehler, weil mir das Auslösen der Pfänder so gut gefiel. Wenn es dann hieß: ‚Buck, buck, was soll der tun, dem dieses Pfand gehört?', dann kam immer ein spannender Augenblick. Die ulkigsten Ideen hatte immer mein Vater. Da mußte einer mit verbundenen Augen ein Schwein malen oder ohne Hände eine Zeitung aufhe-

ben oder sich einen Bart anmalen lassen oder sich als Clown verkleiden. Vor Lachen liefen uns manchmal die Tränen über die Backen.

Am schönsten war immer unser Aufbleibetag. Dann durften wir genau so lange aufbleiben wie die Erwachsenen und alle Gesellschaftsspiele mitmachen. Wenn es an solchen Aufbleibetagen draußen stockdunkel geworden war, knipste mein Vater eine kleine Lampe an. Dann war die Zeit des Schattenspiels gekommen. Vor dem Licht der hellen Lampe zauberten wir mit unseren Händen allerlei Tiere an die Wand, einen Hund, eine Katze, eine Ente oder Gans und manchmal auch seltsame Phantasietiere. Karlchen und ich führten oft ein richtiges Schattentheater vor. Wir ließen unsere Schattentiere miteinander sprechen, singen, tanzen, sich zanken und wieder vertragen. Es gab aber noch ein Spiel, das mir besondere Freude machte. Dazu brauchten wir Mutters großen Knopfkasten, in dem sie viele kleine und große Knöpfe gesammelt hatte. Jeder stellte einen Pantoffel an die Wand und versuchte, aus einer bestimmten Entfernung möglichst viele Knöpfe in den Pantoffel zu werfen. Wer nach drei Minuten die meisten Knöpfe im Pantoffel hatte, war Sieger."

Susanne wirft die Bettdecke zurück und springt auf. „Ich möchte auch mal solche Spiele machen", sagt sie.

Oma überlegt einen Augenblick „Wenn es allen recht ist ...", meint sie schließlich. „Von mir aus schon morgen."

„Toll!" sagt Susanne und schlingt ihre Arme um Omas Hals. „Und einen Bratapfel kriegen wir auch!"

„Der gehört in der Weihnachtszeit dazu."

Ilse Bintig

Was der Igel verschläft

Vor dem Fenster tanzen die Blätter.
Das ist Novemberwetter
mit Sturmwind, Nebel und Regen
und Laub auf allen Wegen.
Der Igel igelt sich ein
zum Winterschlaf; er hat's fein.
Das Leben an kalten Tagen
ist im Schlaf ganz leicht zu ertragen.
Möcht ich mit dem Igel wohl tauschen?
Da muß ich erst in mich lauschen.

Ach nein, ohne Weihnachtsgeschenke
zu schlummern ist schlecht. Ich denke
der Winter hat auch schöne Seiten,
ich möchte darüber nicht streiten.
Denkt nur an das schönste der Feste!
Da kommen viel liebe Gäste,
da wird um den Baum gesprungen,
es wird geschwätzt und gesungen.
Ganz ernst wird's, ihr werdet's verstehen,
wenn wir zur Christmette gehen,

und daß es Glückwünsche gibt,
ist bei alt und jung sehr beliebt.
Auch ich komm in diesen Tagen,
euch meinen Glückwunsch zu sagen.
Sind Rodeln und Skifahren gut,
dann schwenke ich fröhlich den Hut.

Ich schaue den Glanz und die Lichter
und in lauter frohe Gesichter,
und fröhlich klingt's in den Ohren:
Der Herr dieser Welt ist geboren!
Die Tage der Weihnacht sind schön:
das würd' ich als Igel nie sehn!

Andreas im Krippenspiel

Ehrlich gesagt: Seit den ersten Adventstagen beneide ich meinen Bruder Andreas. Warum? Er probt mit seinem Lehrer, Herrn Trabfuß, ein Krippenspiel.
Ich weiß: Viele Schulklassen üben in den Wochen vor Weihnachten ein Krippenspiel ein. Es wird dann in den letzten Tagen vor den Weihnachtsferien oder im Verlauf des Heiligabends vor Eltern und geladenen Gästen aufgeführt. Das ist doch eigentlich nichts besonderes, auf das man neidisch sein könnte.
Aber das Krippenspiel der Klasse 3 b, in der Andreas ist, wird im Fernsehen übertragen. Wahrhaftig: Das Fernsehen hat sich an die Leiterin von Andreas' Grundschule gewandt. Man wolle am Nachmittag vor Heiligabend im Rahmen einer zweistündigen Sendung für Kinder auch ein Krippenspiel bringen. Und alle Darbietungen dieses Kinderprogramms sollten von Kindern selbst gestaltet werden. Das Krippenspiel müsse nicht perfekt aufgeführt werden. Es genüge vielmehr die Freude am Mitmachen und der gute Wille. Ob man da nicht helfen könne?

Die Schulleiterin beriet sich im Lehrerzimmer mit ihren Kolleginnen und Kollegen. Und Herr Trabfuß sagte: „Ich studiere ohnehin gerade mit meinen Mädchen und Jungen von der 3 b ein Krippenspiel ein. Es heißt: ‚Wo Unerwartetes geschieht'. Wenn ich den Schülern sage, daß sie mit ihrem Spiel sogar ins Fernsehen kommen, werden sie sich doppelt anstrengen und bei der Sache sein!"
Die Schulleiterin und das Fernsehen waren damit einverstanden. „Die Sendung wird nicht aufgezeichnet, sondern direkt übertragen, also während des Spiels sofort ausgestrahlt, wegen der unmittelbaren Wirkung auf die Zuschauer!"
Das wurde Herrn Trabfuß und seiner Spielschar von der 3 b noch mitgeteilt. Und dann liefen die Proben auf Hochtouren. Nicht nur während der Deutschstunden wurde geübt. Zweimal in der Woche mußte Andreas auch am Nachmittag mit den anderen seine Rolle üben.
Und welche Rolle probte Andreas? Nein, nicht die der Maria. Dafür hatte man ja genug Mädchen in der Klasse. Die Maria

wurde von Mareike Lasberg gespielt. Sie konnte Gedichte schnell auswendig lernen und schön aufsagen. Und sie sah auch lieb dabei aus.

Auch die Rolle des Josef bekam Andreas nicht. Die übernahm Herr Lehrer Trabfuß selbst. Warum auch nicht? Herr Trabfuß war ja auch schon älter und brauchte sich keinen Bart anzukleben, weil er schon einen rabenschwarzen, natürlich gewachsenen Kräuselbart hatte. „Als Josef habe ich nicht soviel zu sagen", meinte Herr Trabfuß. „Und ich bin dicht am Geschehen, so daß ich euch kleine Winke während des Spiels geben kann."

Jetzt wollt ihr endlich wissen, welche Rolle Andreas denn nun bekam. War er einer der Hirten mit Lammfell-Umhang und Pfeife, die dem Christkind huldigten? Oder war er einer der Drei Weisen aus dem Morgenland, vielleicht der schwarze?

Ich will's euch sagen: Andreas war einer der Gastwirte, die Maria und Josef nicht einlassen, weil ihre Wirtschaften und Pensionen und Hotels schon proppenvoll sind. Sobald Maria und Josef zaghaft an die Tür seines Hauses anklopfen und ihre Bitte um Einlaß vortragen, muß Andreas barsch sagen: „Packt euch, ihr fremdes Volk! Alle Zimmer meines Hauses sind von Gästen besetzt. Nur der Großraum für ganz edle Herrschaften ist noch frei. Und ihr seht mir nicht so aus, als ob ihr diese noble Unterkunft bezahlen könnt. Oder?"

Mit dieser Frage muß Andreas einen abschätzigen Blick auf das arme müde Paar werfen. Maria und Josef schütteln traurig den Kopf. Andreas schlägt die Tür zu. Seine Rolle ist beendet.

Zugegeben: Andreas hat bei seinem Zwei-Minuten-Auftritt nicht gerade eine Hauptrolle in dem Krippenspiel. Aber immerhin: Während dieser zwei Minuten von den Fernsehzuschauern der ganzen Stadt, des ganzen Landes gesehen zu werden! Da wäre ich ganz gern an Andreas' Stelle gewesen. Schließlich bin ich sein Bruder und zwei Jahre älter als er.

Aber das große Übertragungs-Los war eben auf Andreas und seine Klasse 3 b gefallen. So blieb mir nichts anderes zu tun übrig, als mir am Nachmittag vor Heiligabend die Kindersendung „Wo Unerwartetes geschieht" anzusehen.

Außer mir saßen noch Vater und Mutter, meine Schwester Ina und ihre Freundin Beate an dem Nachmittag vor dem Fernseher. Vater hatte das Gerät auf besonders laut eingestellt und die Farbe verstärkt. Als Andreas zum erstenmal ins Bild kam, sah sein Gesicht hochrot aus. Aber vielleicht war er vor lauter Aufregung so knallrot. Beate gab einen kleinen Juchzer von sich, als sie Andreas auf dem Bildschirm sah. Ich glaube, Beate hat eine Schwäche für Andreas. Kann ich nicht verstehen, wo ich doch viel besser aussehe als dieser kleine Knabe.

Na ja, Andreas sah ja ganz nett aus mit seiner Wirtschürze und seiner blauen Zipfelmütze. Man hat ihm wohl noch ein Bäuchlein aus Watte gemacht: ganz stark und breit stand er in der Tür, als er sie auf Maria und Josefs Klopfen hin öffnete. Josef sagt: „Herr Wirt, bitte laßt uns ein. Nur für diese Nacht." Andreas schüttelt den Kopf.

Jetzt Maria: „O lieber Herr, ihr seht so gut und freundlich aus. Bitte, weist uns nicht ab und schickt uns nicht fort. Euer Haus ist das letzte hier in Betlehem, dann kommt nur noch das freie Feld in der Nacht! Bitte, guter Herr!"

Wieder beginnt Andreas mit seinem Kopfschütteln. Aber es ist weniger energisch als bei der Rede Josefs. Und jetzt hört Andreas mit seinem Kopfschütteln ganz auf und schaut Maria aufmerksam an. Und Maria fährt fort: „Es geht nicht allein um uns", sagt sie. „Es geht auch um das Kind, das ich in wenigen Stunden erwarte, wollt ihr, daß ich es in der Wildnis zur Welt bringen soll, statt in eurem schönen, großen Haus?"

Jetzt müßte Andreas seinen abweisenden Satz sagen. Er hat ihn zu Hause ja oft geübt. Ich kann ihn schon auswendig. Und da ich sehe, wie Andreas auf dem Bildschirm ins Stottern gerät und zögert, sage ich den Anfang: „Packt euch, ihr fremdes Volk. Alle Zimmer meines Hauses sind ..."

Da beginnt Andreas zu sprechen. Aber es ist nicht sein vorgeschriebener Text! Andreas blickt Mareike Lasberg, die die Maria mit ihrer flehentlichen Bitte um Einlaß so überzeugend spielt, in die traurigen Augen und sagt: „Ja, wenn das so ist, dann kann ich euch nicht draußen stehen lassen. Ich gebe euch meine Kammer. Da habt ihr es warm und gemütlich. Und dann hole ich die Hebamme Frau Klingenschmied. Die hat schon meiner Mutter bei den Entbindungen gut und tüchtig geholfen!"

Wir denken, unser Fernsehbild ist stehengeblieben. Es bewegt sich einfach nichts mehr auf dem Bildschirm. Dann merken wir, daß alle Spieler – Maria, Josef und Andreas, der Wirt – vor Schreck wie erstarrt sind. Genauso wie wir in der Stube, die wir vor dem Fernseher sitzen.

Als wieder Bewegung in die Szene kommt, beugen wir uns vor, damit uns nichts auf dem Bildschirm entgeht. Mareike Lasberg als Maria geht wie schlafwandlerisch an Andreas vorbei durch die Tür. Lehrer Trabfuß als Josef versucht seine Maria an der Hand zurückzuhalten. Andreas aber packt die andere Hand der Maria und will sie ins Innere seines Hauses ziehen.

Aber jetzt sieht man: Das Innere von Andreas' Wirtshaus besteht nur aus einigen schrägen Brettern, die angenagelt sind, damit die Fassade aus bemalter Preßpappe aufrecht stehen kann. Maria erwacht in dieser unwirtlichen Kulisse wie aus einem Traum und läßt sich von dem zischelnden Lehrer Trabfuß wieder aus der Tür holen. Die Kamera folgt dem Paar auf dem Weg zum Stall von Betlehem, der von den Schülern liebevoll in einer Ecke des Klassenzimmers aufgebaut ist und wo die Krippe bereit steht.

„Um Gottes Willen! Was hat Andreas denn da angerichtet!" stöhnt der Vater.

„Wir sind ja in der ganzen Nachbarschaft blamiert", ruft die Mutter. „Hoffentlich

haben das nur ganz wenige Leute gesehen! So ein Verpatzer ist ja einmalig! Das bringt auch nur unser Andreas fertig!"
In dieser Minute beneide ich meinen Bruder nicht mehr. Erst später stellte sich mein Neid wieder ein, als ich die Berichte über das Krippenspiel der Klasse 3 b in der Zeitung las. Andreas' Bild stand groß in der Mitte der Artikel. Überschrift: „Ein junger Wirt zeigte Barmherzigkeit!" und „Einer öffnete die Tür". Im Text stand: „Wären Maria und Josef nicht vor 2000 Jahren, sondern heute auf der Suche nach einer Herberge gewesen, bei Andreas aus der Klasse 3 b hätten sie ein Obdach gefunden. Die meisten der Tausende von Zuschauern waren zuerst überrascht, als sie den abweichenden Wortlaut von Andreas' Rolle hörten. Dann aber schmunzelten sie. Herr Trabfuß, der Lehrer der 3 b und Regisseur, kann mit seiner Spielschar mehr als zufrieden sein. Seine Schülerin Mareike Lasberg als Maria sollte zur Bühne gehen: Wer so überzeugend um Einlaß bittet, daß selbst ein hartgesottener Wirt diese Bitte erfüllen muß, der hat das Zeug zu einer Laufbahn als Schauspielerin. Und Andreas sollte einen Preis für Menschlichkeit erhalten: Wer sein Herz über einen einstudierten Text stellt, ist dem Christkind nahe. Dank euch, ihr Kinder, für das wirklich unerwartete, wundersame Krippenspiel!"

Josef Reding

Pippa freut sich wieder

Eigentlich geht Pippa gern ins Kaufhaus. Sie schaut sich die vielen Sachen an, fährt mit der Rolltreppe, und wenn sie Geld hat, kauft sie sich Gummibärchen.
Jetzt im Advent ist alles besonders schön. Überall glitzert und schillert es, Glöckchen bimmeln und Weihnachtsmusik erklingt.
In der Spielzeugabteilung tanzen Teddybären mit Plüschaffen, und die Puppen stehen wie in Erwartung mit großen glänzenden Augen aus Glas.
Auf jeder Etage sind gleich mehrere Tannenbäume mit elektrischen Kerzen und Kugeln geschmückt, und Weihnachtsmänner mit langen, weißen Bärten lösen einander ab.
Tagelang ist Pippa im Kaufhaus gewesen. Dann mag sie auf einmal nicht mehr hingehen.
„Na, du bist ja so still", sagt die Mama. „Was hast du denn?"
Pippa streut Körner für die Vögel auf die Fensterbank.
„Ach, ich weiß nicht", sagt sie, „Weihnachten ist doof. Erst hab ich mir gedacht, was ich alles haben möchte da im Kaufhaus.

Aber jetzt hab ich's mir schon so lange angesehen, daß es langweilig ist. Und einmal haben zwei Weihnachtsmänner hinter der Kleiderabteilung miteinander gestritten. Ich kann mich gar nicht mehr freuen."
„Weißt du", sagt die Mama, „das Kaufhaus ist nur ein ganz kleiner Teil von Weihnachten. Heute bleibst du einfach mal hier. Du kannst ja was malen."
Pippa malt Schneemänner und Bäume und Häuser. Die Mama hat die Schlafzimmertür hinter sich abgeschlossen. Pippa lauscht. Es knistert und raschelt und klingt sehr geheimnisvoll. Vielleicht ist das Christkind nebenan?

Pippa malt Sterne auf ihr Bild und einen goldenen Engel mit großen Flügeln. Die Mama lächelt und schweigt, als sie wieder hereinkommt. Sie legt Äpfel ins Bratrohr. Bald duftet die ganze Wohnung. Pippa holt zwei Blumenmuster-Teller aus dem Wohnzimmer.
Da liegt im Gang etwas Kleines, Feines, Glitzerndes!
„Mama!" schreit Pippa, „Mama! Ich hab ein Engelhaar gefunden!"
Und auf einmal merkt sie, daß sie sich wieder auf Weihnachten freut.

Gina Ruck-Pauquèt

Steffi hat „abgebacken"

Alle freuten sich auf den dritten Adventssonntag bei der Großmutter. Als wir angekommen waren, kochte Oma Tee und Kaffee für uns alle. Später, als sie den selbstgebackenen Stollen anschnitt, sagte sie: „Wißt ihr eigentlich, daß ein bezuckerter Stollen das in Windeln gewickelte Christkind darstellen soll?"
„Und da beißt man dann einfach rein?" empörte sich Billa. Jetzt lachte die große Schwester die kleine aus. „Guck dir mal deine Plätzchen an! Da hast du eben einem Engel den Kopf abgebissen."
„Guckt mal hier!" sagte die Mutter. Sie bewunderte die alten Model, die die Großmutter auf einer Truhe aufgebaut hatte. Auch der Vater nahm sie gerührt in die Hand. Sie hatten ihn schon bei seinen Großeltern begeistert als Kind. Und die hatten sie auch schon geerbt. Sie mochten gut zweihundert Jahre alt sein, eine Kostbarkeit.
„Dabei sehen sie eigentlich bloß wie Sandformen aus", stellte Helmi fest. „Nur daß eben ein richtiger Teig reinkommt."
„Und jedes ist ein kleines Kunstwerk", erläuterte die Großmutter jetzt, „von dem es kein zweites gibt."
Jedes Model war mit der Hand gemacht, ob das Material der Krippen- und Heiligenfiguren, ja ganzer Landschaften, nun aus Holz, Ton oder, wohl am schwierigsten zu bearbeiten, aus Stein bestand. „Und heute", seufzte Tante Lotte, „wird dergleichen nur noch maschinell hergestellt."
Indessen hatte Billa ihre eigenen Gedanken. „Omi", sagte sie, „rat mal, wo ich vorgestern

war! Das rätst du nie." Die Großmutter lachte: „Dann sag's lieber gleich."
Jetzt betonte die Jüngste jedes Wort: „In einer ganz echten Bäcker-Konditorei. Aber nicht bloß vorn, wo jeder hinkann. Auch nicht da, wo man sitzt. Wir waren hinten in der richtigen Backstube, wo alles gemacht wird. Da! Alle Kinder vom Kindergarten und ich. Und die Sibylle, die auch. Mit der sind wir ja hingegangen, aber eingeladen hat uns der Papa von Petra und Paul, weil dem ja die Konditorei gehört."
„Ich staune", sagte die Großmutter. Das sollte sie auch; denn Billa fuhr fort: „Und da haben wir echt gebacken. Wir Kinder, Omi, stell dir das vor. Mit weißen Schürzen. Und eine Bäckermütze, eine ganz hohe, hat jedes Kind auch aufgekriegt. Aber die waren nur aus Papier. Und an einem ganz langen Tisch haben wir den Teig selbst ausgestochen. Herzen und Ringe und Sterne und all so was. Und wie die aus dem Ofen kamen, da haben wir noch Zuckerguß draufgeschmiert und Schokoladensoße, die auch. Das gab vielleicht eine Batzerei!"

Billa kringelte sich im Nachhinein vor Vergnügen. Nur eins hatte sie aufgeregt, daß die Steffi, die doch ihre beste Freundin war, ihr dauernd alles abbacken wollte.
„Abbacken", fragte die Großmutter jetzt wirklich erstaunt, „was bedeutet denn das?"
„Daß ich mir was ausgedacht habe", betonte Billa, „was wir selbst erfinden sollten, so ohne Formen, und da fiel der Steffi nie etwas ein, kein Mond, kein Tier, nichts. Alles hat sie von mir abgebacken!"
Jetzt wußte die Großmutter Bescheid. Im übrigen hatte der Vater von Petra und Paul das gesamte Backwerk an die Kinder verteilt, des Spaßes wegen als Nikolaus. Und da war Sibylle, der Leiterin, aufgefallen, daß die Kinder sich vor dem eigenen Vater gefürchtet hatten, obwohl sie genau wußten, daß er es war. Billa hatte das nicht gewundert. „Wenn einer verkleidet ist", sagte sie, „dann *ist* er ja auch ein anderer!"

Marieluise Bernhard-von Luttitz

Der Tannenbaum aus Plastik

Wie haben wir es doch leicht in unserer modernen Welt! Wir kaufen uns einen Tannenbaum aus Plastik. Die Nadeln sehen aus wie echt und sind so saftiggrün, da kann die Natur gar nicht mithalten. Unsere Plastiktanne ist eine einmalige Anschaffung. Sie nadelt

nie. Gut verpackt kann sie uns viele, viele Jahre lang als Tannenbaum dienen. Rechtzeitig vor dem Heiligen Abend aus der Bodenkammer geholt, stauben wir sie ab und – fertig ist der Tannenbaum! Die Bescherung braucht nun nicht mehr auf sich warten zu lassen.

Wie war das früher mühsam mit dem echten Tannenbaum. Der mußte beim Händler gekauft oder gar aus dem verschneiten Wald geholt werden. Beim Baumschmücken war ein Familienstreit unvermeidlich. Die vor Weihnachten arg gestreßte Mutter betrachtete meist kritisch das gekaufte Stück und mäkelte: „Der Baum im vorigen Jahr war viel, viel schöner!" Schon sank die Stimmung auf den Nullpunkt. Wie grauenvoll, wenn Papas halb aufgeputzter Wunderbaum nicht überschwenglich gelobt wurde, wenn Zweige gestutzt und versetzt werden mußten und der quengelige Sohn des Hauses seine erste Ohrfeige einfing. Das alles ist heute längst Vergangenheit. Mit dem Plastikbaum gibt es keine Überraschungen. Der bleibt alle Jahre gleich. Er ist pflegeleicht, wohlgestaltet und glänzendgrün. Seine elektrischen Kerzen verursachen keinen Zimmerbrand. O ja, ein Plastikbaum ist eine herrliche Sache! Oder – bist du etwa anderer Meinung?

Vielleicht solltest du diese Geschichte nicht allzu ernst nehmen ...

Lieber, altvertrauter Christkindlmarkt

Die Stadt Nürnberg hat seit Jahrhunderten ihren „Christkindlesmarkt". Dieser berühmte Weihnachtsmarkt ist nicht mehr aus dieser Stadt hinwegzudenken. Die Lebkuchenbäcker, die Spielwarenhersteller und viele andere verdienen auf diesem Markt im Advent. Ganze Industriezweige im Kunsthandwerk sowie die Zuckerbäcker, Konditoren und Süßwarenhersteller würden in die Kreide oder gar in die Krise geraten, wenn die Weihnachtsmärkte aus unseren Städten „wegrationalisiert" würden. Eigentlich könnten zwar Supermärkte und Kaufhäuser den Vertrieb der tausend kleinen Weihnachtsmarktdinge übernehmen; dann bräuchten die Händler nicht mehr in ihren Standln und Buden zu frieren, und der Alkoholkonsum, in Form von zimtduftendem Glühwein, würde auch noch gesenkt.

Aber wer will das schon? Gibt es „Christkindlmärkte" doch auch in Salzburg und Innsbruck, in München und mehreren hundert anderen Städten allein im deutschsprachigen Raum. Manche von ihnen werden schon seit 300 Jahren immer wieder am gleichen Ort aufgebaut. Was es dort alles zu kaufen und zu betrachten gibt: Kerzen, Christbaumschmuck, Lametta, Krippen, Krippenfiguren, Weihnachtsengel, Nußknacker, Räuchermännchen, Wachsköpfe, Modeln und Backformen, Modeschmuck, Kunstvolles aus Glas, Porzellan und Keramik, Holzspielzeug, Weihnachtsteller, Flechtarbeiten und Strohsterne, Gewürzsträußchen, Stoffpuppen, Handpuppen und Marionetten! Nicht zu vergessen der Scherenschnittkünstler und die Batikmalerin, der Glühweinverkäufer, der Würstlbrater und die vielen „süßen Ecken" mit Magenbrot, Pfeffernüssen, Lebkuchen, Zuckerwatte, gebrannten Mandeln und Nüssen und sogar türkischem Honig.

Ein Christkindlmarkt ist eine wahre Fundgrube an Krimskrams, an originellen Geschenken und köstlichen Schleckereien. Außerdem sind die Bewohner einer jeden Stadt, die einen solchen fröhlichbunten Markt besitzt, felsenfest davon überzeugt, daß ihr Christkindlmarkt der allerschönste ist.

Vierte Adventswoche

Jetzt – höchste Zeit für Geschenke! Wir schreiben unseren Wunschzettel und spielen Kasperltheater, damit die Zeit schneller vergeht – und dann kommt der Heilige Abend...

Ans Schenken denken!

Advent, Advent – und alles rennt,
der Opa hat es fast verpennt,
was schenkt er seinem Enkel?
Die Großmama rauft sich das Haar.
Der Opa ist der Haarpracht bar,
er klatscht sich auf die Schenkel.
Dem Robert eine Eisenbahn,
dem Ronni einen neuen Kran,
der Anna eine Puppe?
Nein, Anna wünscht ein Rennrad sich,
ein Gruselmonster – schauerlich!
Dem Opa ist das schnuppe.
Die Astronauten können springen,
der Bär kann Weihnachtslieder singen,
darauf gibt's Garantie.
Die Päckchen werden aufgebauscht
und bis Silvester umgetauscht,
denn richtig triffst du's nie!

Der Elefant

Aus Porzellan ein Elefant
im hellen Ladenfenster stand,
den Rüssel schwang er schwer und mächtig,
trompetend: „Seht, bin ich nicht prächtig?"
Es überlegt der Weihnachtsmann,
wem solches Stück er bringen kann!
Die Räume sind gewöhnlich klein,
und in den schmalen Gläserschrein
paßt wohl ein Rehlein flinker Art,
aus Holz geschnitten, schlank und zart,
doch dieser plumpe Bursche nie,
er störte nur die Harmonie.
Ein ferngereister Kapitän
bleibt plötzlich vor den Scheiben stehn,
entdeckt den trotz'gen Elefanten,
aus fremdem Land, dem wohlbekannten,
und freundlich lächelnd nickt und schaut
er nach dem Tier, das ihm vertraut;
lebendig grüßt die Jugendzeit
voll Abenteuer, wild und weit,
und spiegelt sich im matten Glanz
des schimmernd weißen Porzellans.
Der Weihnachtsmann sieht mit Bedacht,
für wen der Elefant gemacht,
er packt ihn sorgsam in die Kiste
und streicht den Namen von der Liste
und nickt: „Beim Schenken ist es wichtig,
daß man die Gaben wählt ganz richtig;
erst wenn ein Ding am rechten Platz,
wirds zum begehrten, wahren Schatz!"

Lenalisa Francke-Hagedorn

Mit Überlegung schenken

Jetzt kommt sie, die Geschenkezeit,
da heißt es kaufen, kaufen
für alle Lieben weit und breit,
meist riesengroße Haufen.
Wenn man der Oma Wolle schenkt,
freut sie sich sicher dran;
dem Vati kauft man Kleidungsstücke,
vielleicht zieht er sie an.
Was schenkt man seinem Wellensittich,
was aber seinem Hund?
Da gehn die Schwierigkeiten los;
ist Sekt für sie gesund?
Dem Bauernschwein im Stalle schenkt man

kaum Leberwurst und Speck;
und Schweinskopfsülze in Aspik?
Es grunzt: Was soll der Dreck?
Ein Schwein ist doch kein Schweinefresser,
und darauf mußt du achten:
Mit Überlegung sollst du wählen
die Gaben zu Weihnachten!

Schlaumeierleins Wunschgebet

Der pfiffige Angelo liegt sauber gewaschen in seinem Bettchen und spricht das Nachtgebet. Die Tür zum Kinderzimmer ist nur angelehnt, und die Mama hört im Wohnzimmer, wie der Junge mit sehr lauter Stimme betet und sein Nachtgebet folgendermaßen beendet: „Lieber Gott im Himmel, mache bitte, daß ich in diesem Jahr zu Weihnachten eine funkelnagelneue Skiausrüstung bekomme!"
Die Mama geht daraufhin ins Kinderzimmer und mahnt den kleinen Wildfang: „Angelo, schrei bitte in Zukunft nicht mehr so laut, wenn du betest. Der liebe Gott ist nicht taub. Er versteht dich auch, wenn du dein Gebet flüsterst."
Angelo nickt treuherzig und erwidert der Mutter: „Sicher Mama! Der liebe Gott versteht mich schon, wenn ich mein Nachtgebet flüstere. Aber Papa, der im Nebenzimmer sitzt und die Zeitung liest, versteht mich dann nicht."

Wie Joschi zu seinem Meerschweinchen kam

Seit er sechs Jahre alt war, wünschte sich Joschi ein Meerschweinchen. Aber jedesmal, wenn er davon anfing, sagte seine Mutter: „Meerschweinchen gehören in den Kleintierzoo" oder „Was soll das arme Tier in unserer Vierzimmerwohnung?" und lauter solche Sachen. In diesem Jahr hatte Joschi sich geschworen, daß sein Wunsch endlich in Erfüllung gehen müsse.
„Wetten, daß ich zu Weihnachten ein Meerschweinchen kriege?" sagte er zu seinem Freund Karli. „Du wirst schon sehen ..."
Und dann schmiedete er einen Plan.
Endlich war es soweit. „Nur noch 24 Tage bis Weihnachten", sagte seine Mutter. „Höchste Zeit, daß du deinen Wunschzettel aufs Fensterbrett legst, damit der Weihnachtsmann ihn abholen kann." Joschi nickte höflich, machte ein möglichst harmloses Gesicht und begann mit der Arbeit. *Lieber Weihnachtsmann,* schrieb er, *ich wünsche mir dringend ein Nilpferd.* Ordentlich legte er den Zettel draußen vors Fenster und wartete gespannt, wie es weitergehen würde.
Schon am nächsten Morgen konnte er feststellen, daß sein Plan sich bewährte. Als er nämlich in aller Frühe das Fenster öffnete, um zu sehen, ob der Zettel abgeholt worden war, entdeckte er etwas höchst Merkwürdiges: DU SPINNST WOHL! hatte jemand in leuchtend roten Buchstaben auf einen Briefbogen geschrieben, der groß und deutlich die Unterschrift DER WEIHNACHTSMANN trug.

Gut so! dachte Joschi. Dann nahm er den Brief an sich und schrieb einen neuen Zettel. *Und wie wär's mit einem Krokodil? Es könnte in der Badewanne schwimmen.* Auch diesmal klappte es vorzüglich. Ein neuer Weihnachtsmannbrief leuchtete ihm am Morgen entgegen. KROKODILE LEIDER NICHT LIEFERBAR stand darauf, diesmal in grünen Buchstaben.

Noch besser, dachte Joschi, nahm den Brief an sich und schrieb den nächsten Zettel. *Ein Känguruh-Pärchen* lautete sein Wunsch. BEUTELTIERE FÜHREN WIR NICHT hieß diesmal die Antwort.

Von nun an war alles ganz einfach. Joschi brauchte sich nur noch ein paar ungewöhnliche Tiere einfallen zu lassen, und schon lief alles wie am Schnürchen.

Drei Hängebauchschweine schrieb er am nächsten Tag. BLÖDSINN hieß die Antwort. Und in diesem Stil ging es weiter. Zwölf volle Tage war er damit beschäftigt, neue Zettel zu schreiben und die Weihnachtsmann-Antwortbriefe einzusammeln. So lange dauerte es nämlich noch bis zum Heiligen Abend.

Die Reihenfolge, die Joschi sich errechnet hatte, war so:
12. Dezember: *1 Schimpanse.*
Antwort: UND WER KAUFT DIE BANANEN?
13. Dezember: *1 Berber-Löwe.*
Antwort: SCHON MAL WAS VON MENSCHENFRESSENDEN RAUBTIEREN GEHÖRT?
14. Dezember: *Dann 1 Tüpfelhyäne.*
Antwort: UND WO SOLL SIE SCHLAFEN?
15. Dezember: *1 Merinoschaf.*
Antwort: SELBER SCHAF!
16. Dezember: *1 junger Pottwal.*
Antwort: WOHL GRÖSSENWAHNSINNIG GEWORDEN?
17. Dezember: *1 Pythonschlange.*
Antwort: KRIECHER UNERWÜNSCHT!
18. Dezember: *1 Hausziege.*
Antwort: ZIEGENMILCH SCHMECKT ABSCHEULICH!
19. Dezember: *Erbitte dringend wenigstens 1 Bergzebra.*
Antwort: WO SIND DENN HIER BERGE?
20. Dezember: *Aber 1 Dromedar würde sich bei uns bestimmt wohl fühlen.*
Antwort: WARUM NICHT GLEICH EIN KAMEL?
21. Dezember: *Einverstanden. Habe mich außerdem für 1 Giraffe entschieden.*

Am nächsten Tag endlich geschah das, was Joschi schon lange erwartet hatte. Auf dem Fensterbrett lag nämlich nicht nur die übliche kurze Antwort in roten oder grünen Großbuchstaben, sondern ein regelrechter Brief, hastig mit einem gewöhnlichen Tintenkuli geschrieben und fast eine halbe Seite lang.

Lieber Joschi, stand dort, *wie du auf dem Kalender siehst, ist übermorgen Weihnachten. Da Du es bisher nicht geschafft hast, mir einen einzigen vernünftigen Wunsch aufzuschreiben, und da alle Tiere, die Du mir genannt hast, nicht in eine Wohnung passen, ersuche ich Dich hiermit, umgehend bescheidener zu werden und Dich auf eine kleinere Tiergattung zu beschränken. Herzlichen Gruß. Der Weihnachtsmann.*

Joschi wußte, was er zu tun hatte. Hundertmal hatte er das, was er jetzt niederschrieb, in Gedanken geübt. Er nahm den saubersten Zettel, den er finden konnte, und verfaßte den ordentlichsten Wunschzettel seit 22 Tagen.

Lieber Weihnachtsmann, schrieb er, *entschuldige bitte, daß ich so unbescheiden war. Ich sehe ein, daß ich zuviel von Dir verlangt habe und schwöre, mich zu bessern. Darum wünsche ich mir nur noch ein winziges Meerschweinchen. Am liebsten so eins wie das vom Karli. Also weiß mit kleinen schwarzen Tupfen. Karli sagt, daß ein Meerschweinchen überhaupt keine Arbeit macht. Außerdem finde ich es so niedlich. Vielen Dank im voraus! Dein Joschi, Mühltalerstr. 7.*

Am nächsten Tag schlich Joschi noch früher als sonst zum Fenster, weil er es vor Spannung nicht mehr erwarten konnte. Ob der Weihnachtsmann ihm auch darauf antworten würde? Diesmal aber war das Fensterbrett leer. Nur ein paar Schneeflocken konnte er entdecken, denn draußen hatte es angefangen zu schneien.

„Nun?" fragten seine Eltern, als er zum Frühstück kam. „Freust du dich schon auf morgen?"

„Und wie!" antwortete Joschi. Mehr brachte er nicht heraus vor Aufregung.

Dann endlich war er da, der große Tag. *24. Dezember* stand auf dem Kalender über Joschis Bett. Joschi sah das Kalenderblatt eine Weile ganz genau an und dachte an sein Meerschweinchen. Ob der Weihnachtsmann endlich begriffen hatte?

Stunde um Stunde rückte der Augenblick näher, in dem sich alles entscheiden würde. Und dann war es soweit. Die Tür zum Weihnachtszimmer wurde geöffnet, und Joschi sah etwas, das schöner war als alle Christbaumkugeln und Weihnachtskerzen und Zimtsterne und Silbernüsse zusammen – nämlich ein winziges, schwarz getupftes Meerschweinchen in einer Kiste unter dem Tannenbaum, das neugierig den Tannenduft schnupperte und fast so aussah wie das Meerschweinchen vom Karli.

„Hoffentlich stinkt es nicht", sagte die Mutter.

„Immer noch besser als Dromedare und Giraffen", sagte der Vater.

Aber Joschi hörte nicht, was sie sagten. Er war viel zu sehr damit beschäftigt, sein Meerschweinchen auf den Arm zu nehmen und eine Dankesrede an den Weihnachtsmann zu verfassen – in Gedanken natürlich. Daß auch ein kleiner Trick dabei gewesen war, wußte der Weihnachtsmann ja sowieso. Denn ein Weihnachtsmann weiß alles. Oder etwa nicht? „Ich nenne es *Trick",* sagte Joschi, während das Meerschweinchen leise quiekte. Fast klang es, als ob es kicherte.

Roswitha Fröhlich

Ich hab so viele Wünsche

Auf was soll ich mich freuen?
Der Wünsche sind so viel.
Freu ich mich wohl am meisten
aufs Kasperlpuppenspiel?
Nein, auf den Teddybären!
Nein, auf das Marzipan!
Nein, auf das Spielzeugauto!
Nein, auf den Hampelmann!
Ich hab so viele Wünsche.
Ich weiß nicht, was ich will.
Ich glaub, ich möcht am liebsten
ein Kasperlpuppenspiel.

Nun erzähl mal, auf was du dich freust:
Hast du deinen Wunschzettel fürs Christkind schon geschrieben? Was steht denn da drauf?

Weihnachtswünsche

Ich wünsche mir einen langen Tag
ganz ohne alle Uhren
und auch Erwachsene, die nicht
stets auf Termine luren.
Ich wünsch mir Papa mit viel Zeit
für mich und meine Fragen
und daß Erwachsene nicht so oft
nur jammern oder klagen.
Ich wünsch mir, daß man mich mal fragt,
warum ich manchmal weine.
Ich wünsch mir, daß man mir mal sagt:
„Ich mag dich, meine Kleine!"
Ich wünsch mir, daß man nicht stets mahnt,
„Nicht jetzt, denk doch an später!"
Ich wünsch mir, daß ich ich sein darf
und nicht ein „Man" und „Jeder".
Ich wünsch mir Lehrer mit Humor
und solche, die gern lachen.
Daß ich nicht nur gescheit sein muß,
mal träumen darf im Wachen.

Frohe Gesichter um mich rum,
die nicht im Alter rosten.
Bekomm die Wünsche ich erfüllt?
Wohl kaum, weil sie nichts kosten.

Helmut Zöpfl

Eine verrückte Bescherung

Zum Mitphantasieren und Mitmalen

Wochenlang hatte Toni an seinem Wunschzettel gearbeitet. Weil er noch nicht so gut schreiben konnte, hatte er die meisten Wünsche einfach hingemalt. Leider war er auch kein großer Malkünstler. Erstens wünschte er sich eine komplette elektrische

.

Das war gar nicht leicht zu schreiben und noch schwerer zu zeichnen. Zweitens wünschte er sich dringend eine große rosa

.

Zwei Tage brauchte Toni, um diesen Wunsch aufs Papier zu bringen! Drittens wollte das verwöhnte Kind unbedingt einen Kasten voller bunter

.

Und weil es den Hals nicht voll genug kriegen konnte, wünschte es sich viertens noch ein ganz schickes knallrotes

Damit wollte Toni im nächsten Sommer im Park und auf dem Spielplatz herumsausen und vor den Nachbarskindern angeben.

Ach, wären Tonis Schreib- und Malkünste doch so gut entwickelt wie seine Habgier! Wie leicht hätten die Eltern dann seinen Wunschzettel entziffern können. So drehten sie ihn nach links herum und nach rechts herum, stellten ihn sogar auf den Kopf und seufzten: „Was soll das alles bloß bedeuten?"

Das war aber auch ein Gekritzel und Gekrakel auf dem Papier!
Der Vater rätselte laut: „Mit seinem ersten Wunsch meint er offenbar eine elektrische Tablette. Oder?"
„Unsinn", rief die Mutter, „gibt's doch gar nicht. Das soll heißen: eine komplette elektrische

!"

„Glaub ich nicht", widersprach der Vater, „so was hat er doch längst. Na, wir werden seine Wünsche schon noch enträtseln!"

Für diese Arbeit brauchten die Eltern beinahe so viel Zeit, wie Toni für seinen Wunschzettel gebraucht hatte. Und wie freute er sich inzwischen schon auf die herrlichen Geschenke! Erstens auf die komplette elektrische

.

Obwohl er tatsächlich längst eine besaß. Aber die hatte er kaputt gemacht. Das wußten die Eltern bloß noch nicht.

Und er freute sich auch schon sehr auf die große rosa

.

Nachts träumte er sogar davon. Und erst der Kasten voller bunter

!

Was er damit alles anstellen wollte!
Am meisten jedoch freute er sich auf das schicke knallrote

.

Immer wieder malte er sich aus, mit welchem tollen Tempo er darin vor den anderen Kindern herumkurven wollte.

Vorfreude ist wohl tatsächlich die reinste Freude.

Und dann endlich war es soweit, es kam der Tag der Bescherung. Eine schöne Bescherung, wie Toni rasch bemerken sollte. Zuerst stürmte er ja noch freudestrahlend in das Zimmer mit dem Gabentisch und genau auf diesen los. Beinahe hätte er eine Bauchlandung darauf gemacht, so scharf mußte er sich bremsen. Hoffnungsvoll schaute er sich um. Wo war die komplette elektrische

☐ ? Wo?

Man mußte sie doch irgendwo aufgebaut haben, auf dem Tisch oder davor! Aber Toni sah keine komplette elektrische

☐.

Zwar stand da ein elektrischer Gegenstand, aber das war eine blöde, doofe, elektrische

☐.

Was? – So was war doch höchstens in der Küche zu gebrauchen, beim Kuchenbacken oder Obstschnitzeln, aber doch nichts für Toni! Konnten seine Eltern etwa nicht lesen, daß sie ihm so etwas schenkten, eine blöde, doofe, elektrische

☐ ?

Besorgt spähte Toni nun aus nach der großen rosa

☐.

Hoffentlich hatte es wenigstens damit geklappt! Er hatte sich schon so darauf gefreut, das kuschelige Ding heute abend mit ins Bett zu nehmen. Zwar entdeckten seine Augen etwas Rosafarbenes, aber als er es näher betrachtete, blieb ihm die Luft weg. Das war keineswegs die gewünschte große rosa

☐ !

Igittnochmal nein, das war ein kaltes, glattes, dummes, kleines, rosa

☐ .

Was? Und es quiekte auch noch, wenn man es anfaßte, das kalte, glatte, dumme, kleine, rosa

☐ !

Toni schluckte. Was für eine verrückte Bescherung!

Ob es wenigstens mit seinem dritten Wunsch geklappt hatte, mit dem Kasten voller bunter

☐ ?

Ein Kasten stand zwar da, aber leider nicht voller bunter

☐ !

Nein, in dem Kasten lag nichts weiter als zehn braune, klebrige

☐ !

Was? Ausgerechnet braune, klebrige

☐ !

Noch nie hatte Toni sie leiden können! Immer wurde ihm schlecht, wenn er sowas aß. – Er wagte es kaum noch, auf die Erfüllung seines vierten Wunsches zu hoffen, auf das schicke knallrote

☐ .

Auf den Tisch hätte es auch nicht gepaßt. Deshalb suchte Toni es nun auf dem Fußboden. Aber nirgends auch nur eine Spur von einem schicken knallroten ☐.

Nicht auf dem Schrank, nicht im Papierkorb und nicht in der Blumenvase! Erst als Toni auch unter dem Gabentisch nachsah, entdeckte er etwas. Allerdings kein schickes knallrotes ☐.

Nein, was er sah, war braun. Es hatte auch keine Räder wie ein schickes knallrotes ☐.

Es hatte vier braune Pfoten. Es konnte auch nicht hupen wie ein schickes knallrotes ☐.

Dafür konnte es etwas anderes!

Und als Toni erkannte, was da unter dem Gabentisch auf ihn wartete, vergaß er sofort alle Enttäuschungen, so groß war seine freudige Überraschung. Da stand doch tatsächlich unter dem Gabentisch auf vier braunen Pfoten ein richtiger lebendiger ☐.

Und als er Toni so dicht vor sich bemerkte, hupte er nicht, sondern bellte!

Mit allen vier Pfoten sprang er ihm danach freudig an den Hals, und beide tobten vergnügt durch das ganze Haus, der glückliche

Toni mit seinem vierpfotigen, braunen, lebendigen ☐ .

Toni lachte und lachte, und der vierpfotige, braune, lebendige ☐ ,

der bellte. Das war vielleicht ein Lärm!

Eva Rechlin

Eine gelungene Überraschung

Großmutter Stubenrauch wittert Gefahr. Ihre Enkelkinder Rainer und Ulrike sind nicht mehr wiederzuerkennen: Sonst hocken sie bei schlechtem Wetter den ganzen Nachmittag über im Zimmer und rauben Oma den letzten Nerv. Aber seit einer Woche ist alles ganz anders. Kaum sind sie mittags von der Schule heimgekommen, wird der Ranzen in die Ecke geworfen und das Essen hinuntergeschlungen. Danach sind sie verschwunden. Sie hasten ins Freie, auch wenn es stürmt und schneit.

Für die Oma ist das alles sehr verdächtig; nicht zuletzt der Geldhunger der Kinder macht ihr Sorgen. Vielleicht kann man es noch verstehen, daß die Rangen jetzt in der Weihnachtszeit einen Vorschuß auf ihr Taschengeld haben möchten. Darüber hinaus allerdings beginnen sie richtig zu betteln. Wollte Ulrike doch gestern wahrhaftig drei Mark, um sich ein Eis zu kaufen: ein Schoko- und Vanille-Eis, und das mitten im Winter – zehn Tage vor Weihnachten!

Rainer luchst seinem Vater sogar ein 5-Mark-Stück ab, weil er angeblich neue Schreibhefte braucht. Bei Tante Hedwig hat er mit derselben Masche Glück. Oma vermutet schon, daß er vielleicht heimlich einen blühenden Schreibwarenhandel aufmachen will. Eines steht fest: Heimlichkeiten sind im Spiel!

Die Mama nimmt die Sache gelassener. Allerdings ist es auch ihr nicht ganz recht, wenn die Kinder jetzt immer erst weit nach Anbruch der Dunkelheit heimkommen. Wo sie gewesen sind, verraten sie nicht, und die Hausaufgaben werden immer erst kurz vor dem Schlafengehen gemacht.

Beunruhigt ist sie jedoch, als sie am Wochenende ihre Nachbarin, Frau Schmalbein aus dem „Dreimädelhaus", trifft: Auch die Schmalbeintöchter Susanne, Cornelia und Angela sind jeden Nachmittag mit unbekanntem Ziel verschwunden! Sie haben ihre Sparbüchsen geknackt. Sogar das Sparschwein ihres kleinen Vetters haben sie mit dessen Einwilligung geschlachtet, und jeden Besucher des Hauses betteln sie um milde Gaben an. Die Kinder Till und Dirk vom anderen Ende der Straße und der freche Mirko mit seiner Schwester Jovanka aus dem Moosweg sollen auch mit von der Partie sein ...

„Die haben sich zu einer Kinderbande zusammengetan", mutmaßt Oma Stubenrauch und nörgelt mit ihrer Tochter herum. „Wozu brauchen deine Kinder das viele Geld? Schuld ist allein deine lasche moderne Erziehung, wenn sich herausstellt, daß die Knirpse Schnaps- und Rauschgiftorgien feiern!"

Oma sieht in Gedanken überall schreckliche Verführer. Die verlocken unmündige Kinder mit Haschisch und Starkbier.

Nun, ganz so schlimm ist es wohl nicht. Das zeichnet sich jedenfalls in den nächsten Tagen ab. Es ist bereits die vierte Adventswoche. Ausgerechnet die noch ziemlich junge Haushälterin von Herrn Pfarrer Himmelreich soll etwas von der seltsamen Kinder-Verschwörung wissen. Jedenfalls hat sie dem Onkel von Till und Dirk verraten, daß sich alle Kinder aus der Straße nachmittags bei Fräulein Rehlein treffen. Aber Näheres will auch sie nicht preisgeben.

Oma Stubenrauch hat sie gleich auf dem Weg zum Gemüsehändler zur Rede gestellt. Aber die Gute macht Ausflüchte. Sie habe angeblich überhaupt keine Zeit, mit der Oma zu schwatzen. So weit ist es also schon gekommen, daß Pfarrersköchinnen zu flunkern beginnen!

Fräulein Rehlein ist Musik- und Handarbeitslehrerin an der Hauptschule. Aber sie kennt auch die kleineren Kinder der Grundschule. Sie ist ehrenamtlich in der Kirchengemeinde tätig. Mit Pfarrer Himmelreich und seiner Haushälterin ist sie sehr gut bekannt.

Oma Stubenrauch würde am liebsten bei Fräulein Rehlein an der Wohnungstür klingeln, um hinter das merkwürdige Geheimnis zu kommen. Aber dazu fehlt ihr dann doch der Mut. Also greift sie zum Telefon und wählt Fräulein Rehleins Nummer. Doch da meldet sich nur der automatische Anrufbeantworter.

„Verfluchte Technik! Sei still, du Blech- und Plastikschwätzer", murmelt die Oma und legt wieder auf.

Zwei Tage später liegt eine schriftliche Einladung von der Pfarrgemeinde im Briefkasten. Die Eltern von Ulrike und Rainer werden freundlich aufgefordert, am Sonntagnachmittag um vier Uhr zu einer Weihnachtsfeier zu erscheinen. Es ist nun schon der vierte Adventssonntag, genau drei Tage vor Heiligabend. „Bringen Sie bitte alle erwachsenen Angehörigen Ihrer Familie mit", steht auf der mit einem gemalten Tannenzweig geschmückten Briefkarte. Also ist auch die Großmama eingeladen. Eine Einladung für die Kinder hingegen fehlt. Rainer und Ulrike zeigen auch überhaupt kein Interesse ...

Sonntagvormittag nach dem Gottesdienst steht Pfarrer Himmelreich wie immer am Ausgang seiner Kirche, um die Gläubigen mit Handschlag zu verabschieden. Er ermahnt die Eltern und zahlreiche andere Erwachsene, auch ja am Nachmittag zu der „kleinen Weihnachtsfeier" zu erscheinen. Die Eltern versprechen es. Gleich nach dem Mittagessen stürmen Ulrike und Rainer aus dem Haus.

„Nehmt zur Sicherheit euren Haustürschlüssel mit, falls ihr früher heimkommt", ruft die Mutter ihnen nach.

Doch Ulrike winkt ab: „Wir kommen auch erst nach der Weihnachtsfeier wieder heim!"

Au weia! Da hat sie sich beinahe verraten. Schnell weg also, bevor die Mama nachdenken kann.

Pfarrer Himmelreich spricht im festlich mit Tannengrün und Kerzen geschmückten Gemeindesaal die einführenden Worte zur Weihnachtsfeier. Geschickt versteht er es, die Besucher – es sind nur Erwachsene! – mit wohlgesetzten Worten neugierig zu machen; ohne dabei zu verraten, was die Gäste hier wirklich erwarten dürfen. Da kommt auch schon die erste Überraschung: Die junge Haushälterin des Herrn Pfarrers spielt auf dem Klavier: „Macht hoch die Tür!" Wer hätte das gedacht? Sie macht ihre Sache wirklich gut.

Hinter dem Vorhang auf der kleinen Bühne bewegt es sich inzwischen geheimnisvoll. Dann öffnet sich der Vorhang.

Ist es wirklich eine Überraschung, oder haben es die Eltern inzwischen bereits geahnt: Alle Kinder aus der Straße und auch die aus dem Moosweg sind auf der Bühne! Aufgestellt im Halbkreis zu einem Chor, und Fräulein Rehlein gibt den Takt an. Sie singen: „O du fröhliche, gnadenbringende Weihnachtszeit."

Danach will der Beifall kaum aufhören.

Nachdem die Bühne geräumt ist, übernimmt Ulrike die Ansage. Sie meistert ihre Aufgabe mit Witz und Charme. Da kann Oma Stubenrauch nur staunen.

Der kleine Till sagt ein Weihnachtsgedicht auf: „Der Esel, der Esel, wo kommt der Esel her?" Dabei sieht er fast selber wie ein kleiner Esel aus.

Es folgt: „Vom Himmel in die tiefsten Klüfte ein milder Stern herniederstrahlt ..." Bruder Dirk schafft seinen Vortrag ohne Stocken. Danach ein weiterer Gesang und ein kurzes Krippenspiel. Die zierliche Jovanka aus dem Moosweg hat sich das lange Knecht-Ruprecht-Gedicht vorgenommen: „Von drauß' vom Walde komm ich her!" Der Schluß: „Nun sagt, wie ich's hierinnen find: Sind's gute Kind, sind's böse Kind?" paßt zwar nicht so ganz; auf den Zuschauerstühlen sitzen doch nur Erwachsene!

Aber vielleicht hat das Gedicht doch seine Berechtigung. Denn jetzt schwirren drei kleine „Nikoläuse" aus, die Erwachsenen zu beschenken. Heute ist es einmal umgekehrt: Nicht Eltern beschenken ihre Kinder, sondern der Nachwuchs beschenkt seine Eltern! Die fröhlichen Gabenbringer sind verkleidete Kinder. Für jeden Gast halten sie ein festlich eingewickeltes Päckchen bereit. Ulrikes Papa erhält eine von Kinderhand genähte Krawatte aus einem bunten Sommerstoff. Was macht es, daß die Naht ein wenig schief geraten ist? Wenn das gute Stück erst einmal den Hals des Vaters schmückt, sieht niemand mehr die schiefe Naht.

In einigen Päckchen sind mit goldenen Sternchen und Halbmonden beklebte Wachskerzen, in anderen versilberte Tannenzapfen und selbstgebastelte Strohsterne. In einem weiteren Päckchen befindet sich sogar ein lackierter Nußknacker. Jeder Erwachsene erhält eine kleine Gabe.
Jetzt weiß auch die Oma Stubenrauch, wohin der Inhalt der Kinder-Sparschweinchen und die erbettelten Zusatz-Taschengelder geflossen sind. An einer verbotenen Haschpfeife jedenfalls ist keines der Kinder hängengeblieben ...

Kasperltheater im Türrahmen

Jetzt in der Adventszeit ist es wieder soweit, daß wir nicht mehr im Freien spielen können. Wenn es draußen stürmt und schneit oder wenn der Winterregen fällt, ist es am besten, im Zimmer zu bleiben. Wie aber sollen wir uns im Zimmer beschäftigen?
Eine herrliche Möglichkeit ist, Kasperltheater zu spielen. Wir spielen bekannte Märchen oder denken uns selber kleine Theaterstücke aus.
Wir brauchen nur eine Decke in Schulterhöhe in die Türfüllung zu hängen, und schon ist eine einfache Bühne geschaffen, hinter der die Spieler bequem sitzen können.
Auch die Handpuppen können wir uns mit Phantasie und Geschick aus alten Stoffresten herstellen. Die Köpfe der Puppen gestalten wir z. B. aus rohen Kartoffeln. Die

Puppen haben zwar keine sehr lange Lebensdauer, aber neue sind ja schnell gemacht und nach dem Spiel geben die Akteure eine schmackhafte Speise.
Sehr wichtig ist, daß wir unsere Gäste vor Beginn der Theatervorstellung mit einem lustigen Vorspruch begrüßen. Deshalb sollen hier zwei kleine Prologe – so nennt man die Vorsprüche in der Theatersprache – folgen, die sich bei Aufführungen schon bewährt haben.

Vor Beginn der Vorstellung tritt ein Kind vor den Vorhang und spricht:
Wir danken euch, ihr Lieben,
für das volle Haus.
Und wenn ein Spieler steckenbleibt,
dann lacht ihn bitte nicht aus.

Oder:
Ihr mögt mit dem, was wir hier zeigen,
freundlich heut zufrieden sein.
Andre mögen besser geigen:
Nicht jeder kann ein Künstler sein!

Ist der Prolog beifällig aufgenommen worden, ist der halbe Erfolg der Theateraufführung schon gesichert.

Kasperls Wurzelbaum

Großmutter (*kommt ins Zimmer*): Huh, ist es heute kalt. Ich war jetzt auf dem Weihnachtsmarkt. Die Leute kaufen alle eifrig zum Christfest ein. Es wurden auch schon Weihnachtsbäume angeboten. Ich habe allerdings noch keinen gekauft. Ich finde, wir nehmen einen Baum, den wir in den Garten pflanzen können.

Kasperl: In den Garten? Aber Großmutter! Was hat ein Weihnachtsbaum im Garten zu suchen? Der Christbaum gehört ins Zimmer mit Kugeln, Lametta und Kerzenschimmer.

Großmutter: Nein, Kasperl. Ich habe mir etwas anderes ausgedacht. Ich dachte diesmal an einen Baum mit Wurzeln. Daran werden wir lange Zeit Freude haben.

Kasperl: Ich mag aber keine Karotten!

Großmutter: Wie kommst du auf Karotten, Kasperl?

Kasperl: Oder Mohrrüben!

Großmutter: Wieso Mohrrüben?

Kasperl: Oder Möhren.

Großmutter: Was willst du damit sagen?

Kasperl: Du hast mir doch soeben erklärt, du willst einen Weihnachtsbaum mit Wurzeln kaufen. Ich will aber keine Wurzeln am Tannenbaum. Nimm doch wieder einen Christbaum mit Kugeln, Großmutter!

Großmutter: Oh, Kasperl! Was bist du für ein närrischer Tropf! Ich meine doch keine Mohrrüben, wenn ich von Wurzeln am Christbaum rede. Ich meine richtige, echte Wurzeln!

Kasperl: Ich auch! Ich meine richtige, echte Wurzeln, die man essen kann und mit denen man die Kaninchen füttert. Und diese Wurzeln mag ich nicht, schon gar nicht am Weihnachtsbaum!

Der Kasperl und der Nikolaus

Kasperl: Tri, tra, trallala, tri, tra, trallala, Kinder, seid ihr alle da?
Kinder: Ja!
Kasperl: Das ist schön! Dann kann ich gleich wieder gehn.
Kinder: Nein, Kasperl!
Kasperl: Nein? Ach so, ich soll euch etwas vorspielen! Ja, da muß ich euch aber erst eine Frage stellen: Habt ihr schon ein Nikolausgedicht gelernt? Ihr wißt, heut kommt der Nikolaus in jedes Haus. Dann muß man einen Spruch bereit haben, sonst gibt es au! au! au! Ich habe natürlich keinen Spruch gelernt. Kein Lied. Kein Gedicht. Keinen Vers. Der Kasperl lernt nie irgend etwas außer Dummheiten. Lernen ist viel zu anstrengend. Aber ich will meine kleine Freundin, die Prinzessin, fragen. Vielleicht hat sie einen Spruch gelernt. *(Ruft):* Prinzessin, Prinzessin! Komm mal herunter von deinem Schloß. Ich möchte dir was sagen.
Prinzessin: Ja, Kasperl! Ich bin schon da. Was willst du von mir?
Kasperl: Huldvollster Diener, Prinzessin! *(Er macht eine tiefe Verbeugung.)* Hast du einen Spruch zum Nikolaustag gelernt?
Prinzessin: Einen was?
Kasperl: Einen Spruch. Ein Lied. Einen Vers. Ein Gedicht. Irgend etwas, was du dem Nikolaus aufsagen kannst, wenn er zu uns kommt?
Prinzessin: Nein!
Kasperl: Siehst du. Das habe ich mir gedacht. Du bist ein braves Mädchen, Prinzessin. Du hast keinen Spruch gelernt.
Prinzessin: Ich habe keinen Spruch zum Nikolaustag gelernt, weil ich keinen mehr zu lernen brauche.
Kasperl: Du brauchst keinen Spruch mehr zu lernen?
Prinzessin: Nein!
Kasperl: Warum: Nein?
Prinzessin: Weil ich schon einen Spruch auswendig kann!
Kasperl: Dann freilich brauchst du keinen mehr zu lernen. Dann bist du wohl ganz besonders schlau?
Prinzessin: Ja, Kasperl: Köpfchen muß man haben.
Kasperl: Ich strenge mein Köpfchen gar nicht erst an! Ich müßte ja dumm sein, wenn ich mich plagen wollte. Aber ich will

	meine Frau, die Gretel, fragen. Vielleicht weiß sie einen Rat. *(Ruft):* Greeteeel!
Gretel:	Ja, Kasperl. Was schreist du so? Ich bin nicht schwerhörig. Außerdem habe ich keine Zeit. Ich bin beim Pfefferkuchenbacken und muß den Teig kneten.
Kasperl:	Wunderbar, Gretel. Du bist eine brave Frau. Aber ich habe eine wichtige Frage: Hast du schon einen Nikolausspruch auswendig gelernt?
Gretel:	Natürlich!
Kasperl	*(kleinlaut):* Muß ich auch einen Spruch lernen?
Gretel:	Heute ist doch der Nikolaustag. Da muß jeder einen Spruch auswendig können. Selbst die Großmutter lernt einen neuen Nikolausspruch auswendig. Sie sitzt hinter dem Ofen und strickt. Dabei lernt sie den Spruch.
Kasperl:	Hoho, haha! Die Großmutter sitzt hinter dem Ofen und strickt und lernt dabei einen Nikolausspruch auswendig. Das ist vielleicht komisch! Ich glaube, ich bin in eine ganz närrische Familie geraten. Hoho, haha!
Nikolaus	*(mit Bart und großem Sack):* Na, alter Freund Kasperl! Dir bleibt wohl vor Schreck der Lacher im Halse stecken?
Kasperl:	Oaaah! Guten Abend, Herr Nikolaus. Guten Abend, hochwürdiger verehrter Herr Nikolaus! *(Kasperl verbeugt sich so tief, daß seine Nase den Boden berührt.)*
Nikolaus:	Na, nun heb mal deine Nase wieder, du alter Tückebold.
Kasperl	*(verlegen):* Alter Tückebolz.
Nikolaus:	Tückebold!
Kasperl:	Tückebald! Hoho, haha!
Gretel:	Guten Abend, lieber Nikolaus.
Nikolaus:	Ach, da ist ja auch die Gretel. Guten Abend, mein Kind. Na, hast du einen Spruch für mich gelernt?
Gretel:	Ja, Nikolaus.
Großmutter	*(Sie kommt langsam angeschlurft):* Ist der Nikolaus da?
Nikolaus:	Ja, Großmutter. Ich bin hier.
Großmutter:	Das ist gut. Dann kann ich gleich meinen Spruch aufsagen, bevor ich ihn wieder vergessen habe. Ich bin nämlich alt und vergeßlich. Ich behalte nichts mehr in meinem Kopf.
Prinzessin	*(kommt aus dem Hintergrund):* Hab' keine Angst, Großmutter. Es wird schon gehen.
Großmutter:	Dann will ich es versuchen. Hörst du mir zu, Nikolaus?
Nikolaus:	Ich höre.

Großmutter: Das ist gut. Ich fange jetzt an: Lieber Nikolaus, du kamst wieder in unser Haus. Ich bin nur eine alte Frau, doch du weißt ganz genau, ich rede nicht vermessen ... ich rede nicht vermessen ... nicht vermessen ... Nikolaus, den Rest hab' ich vergessen!
Nikolaus: Das hast du gut aufgesagt, Großmutter.
Großmutter: Aber ich habe doch den schönen Schluß von dem Gedicht vergessen!
Nikolaus: Das macht nichts. Es ist auch ohne den richtigen Schluß ein hübscher Spruch, und ich sehe deinen guten Willen.
Großmutter: Ich habe den Spruch beim Stricken gelernt. Ich mußte immer die Strickmaschen zählen. Deshalb bin ich mit dem Gedicht durcheinander gekommen.
Nikolaus *(nimmt ein großes Paket, das ihm von unten zugereicht wird):* Ich schenke dir einen Strickapparat, Großmutter. Von nun ab brauchst du keine Strickmaschen mehr zu zählen. Die Maschine macht das alles automatisch.
Großmutter: O danke, lieber Nikolaus! Was für ein schöner Apparat. Soll ich dir damit ein paar Handschuhe stricken?
Nikolaus: Das würde mich freuen!
Großmutter: Danke, danke! *(Geht mit dem Paket ab.)*
Gretel: Darf ich dir meinen Spruch auch gleich aufsagen, Nikolaus? Du mußt entschuldigen, ich bin beim Kuchenrühren. Da habe ich wenig Zeit, sonst geraten die Plätzchen nicht. Mein Spruch heißt: Nikolaus, dein langer Bart ist von ganz besondrer Art. Weil du gut bist, lieb' ich dich. Nikolaus, denk auch an mich!
Nikolaus: Ich habe bereits an dich gedacht, Gretel. Darum schenke ich dir diese hochmoderne Pfefferkuchen-Rührmaschine. *(Holt ein Paket und überreicht es der Gretel.)*
Gretel: Eine Pfefferkuchen-Rührmaschine. Und funkelnagelneu! Das ist rührend von dir. Da muß ich gleich in die Küche. Vielen Dank für deine schöne Gabe, lieber Nikolaus! *(Gretel ab.)*
Nikolaus: Und jetzt zu dir, Kasperl. Was hast du gelernt?
Kasperl: Oh, als ich zur Schule ging, da habe ich sehr viel gelernt. Ich kann zum Beispiel das halbe ABC von rückwärts aufsagen.

Nikolaus:	Das will ich nicht hören.
Kasperl:	Von vorwärts kann ich es fast ganz bis auf ein paar Buchstaben, auf die es nicht ankommt.
Nikolaus:	Ich will wissen, ob du mir etwas sagen kannst. Weißt du keinen Spruch? Kein Lied? Kein Gedicht?
Kasperl:	Die Prinzessin weiß ein Gedicht. Sie hat es mir vorher gerade erzählt.
Nikolaus:	Gut, dann will ich mir zuvor das Gedicht der Prinzessin anhören. Komm her, Prinzessin, und sage mir dein Sprüchlein auf.
Kasperl:	Ich gehe dann solange im Garten spazieren! *(Er will fort.)*
Nikolaus:	Halt! Du gehst nicht im Garten spazieren. Du bleibst hier!
Prinzessin	*(sagt ihren Spruch auf):* Nikolaus, du guter Mann, bringst so schöne Gaben. Nikolaus, drum hör mich an, ich möcht' auch was haben!
Nikolaus:	Du hast den Spruch gut aufgesagt. Deshalb sollst du diese Tüte voll Marzipankugeln und diesen Teddybär geschenkt bekommen.
Prinzessin:	Danke, danke, lieber Nikolaus. Ich will gleich mit dem hübschen Teddybären spielen! Auf Wiedersehn, Kasperl! *(Prinzessin ab.)*
Kasperl:	Prinzessin! Du kannst mich nicht auch noch im Stich lassen. So bleib doch hier! Hörst du nicht, Prinzessin! Lauf nicht fort.
Nikolaus	*(zu Kasperl):* So, mein Freundchen. Nun zu dir!
Kasperl:	Gnade, Gnade, lieber Nikolaus!
Nikolaus:	Für faule Burschen wie dich gibt es keine Gnade.
Kasperl:	Ich will mich bessern. Ich will immer artig sein! Ich will jeden Tag ein Sprüchlein auswendig lernen.
Nikolaus:	Und ich will dir dazu den Takt auf den Rücken klopfen! *(Schlägt den Kasperl mit der Rute.)*
Kasperl:	Hilfe! Hilfe! Ich werde totgeschlagen. Hilfe, Polizei!
Polizist:	Wer schreit nach mir?
Kasperl:	Au, au! Der Nikolaus schlägt mich.
Polizist:	Da darf ich mich nicht einmischen. Dies ist höhere Gewalt.
Kasperl:	Ich wäre auch mit weniger hoher Gewalt zufrieden.
Nikolaus:	So, mein Freundchen. Das soll dir eine Lehre sein. Ah, sieh an, die Polizei höchstpersönlich.
Kasperl	*(hat sich im Hintergrund in Sicherheit gebracht, ruft keck von dort):* Der Polizist weiß

Polizist:	auch keinen Nikolausvers. Darum gib ihm Saures, Nikolaus!
	He, Sie Kasperl! Das ist eine Amtsbeleidigung, was Sie da sagen. Ich weiß mein Sprüchlein wohl zu sprechen: Du, heil'ger Niklaus, gut und grad, du sorgst für uns von früh bis spat, du schenkst uns Schönes, noch und noch. Drum, heil'ger Niklaus, lebe hoch!
Kasperl:	Potzblitz! Der kann was! Das hätte ich nicht gedacht.
Nikolaus:	Polizist, ich bin sehr mit dir zufrieden. Deshalb sollst du eine neue Trillerpfeife von mir haben. *(Überreicht ihm die Trillerpfeife.)* So, und jetzt geh wieder in deinen Dienst.
Polizist:	Ich danke vielmals! *(Macht eine stramme Verbeugung, nimmt dann die Trillerpfeife in den Mund und geht pfeifend ab.)*
Nikolaus	*(zum Kasperl):* Und du nimm dir ein Beispiel an diesem braven Mann.
Kasperl:	Nikolaus, ich weiß einen Spruch!
Nikolaus:	Du weißt einen Spruch? Dann sag ihn mir auf!
Kasperl	*(aus seinem Versteck):* Nikolaus, du Besenbinder, klopfst die ungeratenen Kinder. Nikolaus, drum pack' ich dich an dem Bart und zupfe dich!
Nikolaus:	Willst du für diesen Spruch auch noch eine Belohnung haben?
Kasperl:	Lieber nicht, Nikolaus. Mein Rücken würde noch bis Ostern an deine Belohnung denken.
Nikolaus:	Wenigstens siehst du dein Unrecht ein, du Tunichtgut!
Kasperl:	Nikolaus, ich bitt' dich fein, laß uns wieder Freunde sein!
Nikolaus:	Man kann dir auf die Dauer nicht böse sein, Kasperl. Aber ein Geschenk bekommst du nicht von mir. Diese Strafe muß sein!
Kasperl:	Juchhuuu! Der Nikolaus ist versöhnt.

(Der Vorhang fällt. Kasperl tritt vor den Vorhang und sagt):
Das Spiel ist zu Ende,
drum klatscht in die Hände.
Das Spiel ist aus,
drum geht nach Haus!
(Er verschwindet und singt hinter dem Vorhang sein bekanntes: Tri, tra, trallala!)

Das Geschenk

Von einem Weihnachtsgeschenk merkwürdiger Art hat mir einmal eine Frau erzählt, über vierzig Jahre ist das her. Jetzt fällt mir plötzlich ihre Geschichte ein.

Diese Frau war nach dem Ende des zweiten Weltkriegs noch in Gefangenschaft gekommen, für mehrere Jahre, zusammen mit anderen Frauen. Sie mußten in diesem Lager eine Arbeit verrichten, ich erinnere mich nicht mehr, was sie gearbeitet haben. Vielleicht haben sie etwas genäht, Säcke für die Landwirtschaft, Decken, Kleidungsstücke, harte Stoffe mit dicken Nadeln. Ja, das könnte es gewesen sein, denn eine Nadel spielt eine Rolle bei der Herstellung des Geschenkes. Es gab wenig zu essen im Lager, das Brot war knapp, kostbar jeder Bissen.

Dann war der Weihnachtsabend gekommen. Die Frauen haben ihn ein wenig festlich begehen können, mit einem Kerzenstumpf und einem Zweig; sie haben Lieder gesungen von daheim. Vielleicht war das Essen an diesem Abend reichlicher und kräftiger als sonst.

Dann machten die Frauen sich gegenseitig Geschenke. Das war nicht einfach gewesen. Zu kaufen gab es ja nichts, und wer noch etwas besaß, das ihm kostbar war, der wollte das behalten, um zu überleben.

Diese Frau nun bekam ein Geschenk von einer anderen: eine kleine geschnitzte Krippe. Nicht größer als eine Nußschale war sie, eine ovale Mulde, darin lag das Jesuskind. Man erkannte nur den Kopf und zwei winzige Hände, über dem Körper lag eine Decke, ein Muster war eingeritzt. Diese Krippe nun war nicht aus Holz oder Stein, sie war aus Brot geknetet. Die Krippenschnitzerin hatte ein Stück von ihrer Brotration zu einem Klumpen gekaut, der ließ sich flachdrücken und in der Wintersonne trocknen. Steinhart wurde er somit.

Dann hat sie das Stück mit einer abgebrochenen Nadel bearbeitet, in mühsamer Arbeit, über viele Stunden hin.

Man muß sich das vorstellen: wenig Licht in den Wintermonaten, die steifen Finger in der Kälte, das scharfe Ende der abgebrochenen Nadel, das abrutschen und verletzen konnte, die Heimlichkeit, mit der das geschehen sollte – nein, man kann sich das heute nicht mehr vorstellen. Daß der Wunsch so groß war, ein Geschenk herzustellen für jemand, der einem wichtig ist.

Aber ich erinnere mich auch, was mich quälte, warum mir nicht rundherum wohl war, denn es ist doch eine anrührende Geschichte! Die Frage hat mich gequält, warum wir Menschen, die doch mit Phantasie begabt sind, mit Geduld, Intelligenz und Einfallsreichtum, warum wir unter schwierigsten Bedingungen anderen Menschen Freude machen können, aber nicht irrsinnige Kriege vermeiden, im Vorfeld abfangen können, mit eben diesen Begabungen.

Ja, ich weiß, man hat es mir gesagt: Wir leben nicht im Paradies, der Löwe ruht nicht neben dem Schaf, „der Teufel regiert die Welt", aber so einfach scheint mir das nicht. Oder haben wir die Botschaft dessen, der zu Weihnachten in einer Krippe liegt, sei sie aus Brotteig oder Lindenholz geschnitzt und gar vergoldet, haben wir diese Botschaft der Engel *Frieden auf Erden* überhaupt nicht verstanden?

Hanna Hanisch

Weihnachten steht wieder vor der Tür

Es war im Advent; der vierte Sonntag im Dezember. Ich erinnere mich ganz genau. Es war ein Feiertag mit Orgelmusik im Fernsehen. An meinem Adventskranz brannten vier dicke Kerzen. Im ganzen Haus duftete es nach Tannengrün und frischgebackenen Plätzchen. Ein kräftiger Winterwind rüttelte am Balkongitter. In der stahlgrauen Winterluft wirbelten kleine weiße Flocken. Es war, als ob es Zucker schneite. Der Hortensienstrauch in meinem Vorgarten hatte sich eine dicke Pudelmütze aus Schnee übergestülpt. Auch die drei kränkelnden Tännchen im Vorgarten meines Nachbarn schräg gegenüber waren fürsorglich von weißer Watte eingehüllt.

Ein Schneepflug war am Morgen durch die Straßen gefahren und hatte das Weiß der letzten Nacht aus dem Weg geräumt. Aber inzwischen lag schon wieder eine dicke Schneeschicht auf dem Asphalt. Die Autos fuhren leise drüberweg, als schlitterten sie auf Gummischuhen. Im Hause jedoch war es urgemütlich. Die Heizung spendete wohlige Wärme. Mochte der Dezemberwind noch so sehr am Balkongitter rütteln, hier drinnen flackerten nicht einmal die roten Kerzenflammen am grünen Tannenkranz. Mein Stubenfenster war gut isoliert, so daß sich keine Eisblumen auf der Glasscheibe bilden konnten. Ich war vollkommen glücklich und zufrieden.

Da klopfte jemand unvermutet. Ich hatte keine Ahnung, wer das sein konnte. Der Unbekannte, der Einlaß begehrte, benutzte nicht die Haustürklingel. Es klopfte! Zögernd stand ich auf, um die Haustür zu öffnen. Wer stand da, geheimnisvoll und tief verschneit? Weihnachten stand vor der Tür! Ich war völlig überrascht; aber eigentlich hätte ich es mir längst denken können. Immerhin feierte ich bereits den vierten Sonntag im Advent! Da sollte die Überraschung nicht mehr so groß sein.

Eigentlich ist es überhaupt keine Überraschung, wenn irgendwann plötzlich im Dezember das Weihnachtsfest vor der Tür steht. Es ist doch in jedem Jahr dasselbe; im Dezember naht das Weihnachtsfest. Dann steht es, lang erwartet und heiß ersehnt, plötzlich auch vor deiner Tür. Es kommt eigentlich nie unvermutet. Überraschend ist nur, daß es jedes Jahr ein bißchen anders ist, unser aller Weihnachten. Gleichwohl ist es immer wieder schön. Mach ihm die Tür auf! Denn an Weihnachten wurde einst zu unser aller Heil und Segen – das Christkind geboren!

Weihnachten

Wir feiern das Weihnachtsfest und denken über das Wunder von Betlehem nach. Wir verbringen lange Winterabende, vertreiben uns die Zeit mit Singen und Malen.

Damit wir Weihnachten feiern können

Am Weihnachtsabend, wenn wir Braten essen
und uns beschenken, Lieder nicht vergessen
zu singen und die Tanne brennt,
wenn jeder feiert und nur Frieden kennt,
fährt der Matrose mit dem Schiff aufs Meer,
fahren Arzt und Polizei daher,
Taxichauffeur und Feuerwehr.
Die Krankenschwester bleibt beim Kranken,
Busfahrer, Bahnbeamte wanken
trotz Heiliger Nacht nicht von dem Posten.
Der Flugzeugführer fliegt nach Osten,
Lokführer fahren streng nach Plan.
Der Fahrer von der Straßenbahn
tut Dienst. Der junge Ingenieur
im Kraftwerk bringt uns Licht daher,
damit im Lande jedermann
fröhliche Weihnacht feiern kann.

Nun setz dich doch endlich mal hin!

Der Heilige Abend ist überstanden, aber die Mama ist auch noch am ersten Feiertag im Weihnachtsstreß. Der Stollen bäckt noch in der Backröhre, wo längst die Weihnachtsgans brutzeln sollte.
Das Geschirr vom Frühstück ist noch nicht abgespült. Sie müßte auch noch einmal mit dem Staubsauger über den Teppichboden, weil der Tannenbaum schon nadelt.
Aber dazu kommt sie gar nicht mehr. Zuviel ist noch in der Küche zu tun.
Im Zimmer sitzt schon der erste Gast. Tante Amanda blättert in einer Illustrierten. Mutter saust durchs Weihnachtszimmer, weil sie an den Geschirrschrank muß.
„Eigentlich bin ich so früh gekommen, um mich mit dir zu unterhalten", schmollt Tante Amanda.
Micki hat mitten im Weg seine Spielzeug-Eisenbahn aufgebaut. „Spielst du mit mir, Mama?" fragt er naiv.
Matthias und Silvia schmollen ebenfalls. Immer wird der Kleinste bevorzugt, auch mit den Weihnachtsgeschenken. Wo bleibt da die Gleichberechtigung? Silvia ist mit ihren Weihnachtsgeschenken nicht zufrieden; sie hat sich etwas ganz anderes gewünscht.
Vater will seine Ruhe. Er liegt auf dem Sofa und hat den Fernseher eingeschaltet. Er fummelt an der Fernbedienung herum. Das Gehetze der Mama stört ihn.
„Nun setz dich doch endlich mal hin!" brummt er. „Weihnachten soll doch besinnlich sein."
Aber wie kann man besinnlich sein, wenn der Christstollen im Backofen verbrennt?
Es ist ein Gehetze bis zur letzten Minute. Die Mama ist einem Nervenzusammenbruch nahe. Die Familie versteht gar nichts. Keiner denkt daran, der Mama zu helfen. Alle möchten sie bedient werden und die Feiertage genießen. Mama muß alles allein herrichten. Sie muß bis zum Umfallen schuften und rennen; und danach soll sie auf Kommando „besinnlich sein".

Krach in der Keksdose

Im Weihnachtszimmer war es dunkel. Die Bescherung war längst vorüber, alle Geschenke ausgepackt, alle Kerzen ausgeblasen, alle Gläser abgeräumt. Johanna und ihre Eltern schliefen schon fest, denn so ein Weihnachtsabend ist zwar wunderschön, aber er macht auch müde. Nach all dem Glöckchengebimmel, Flötenspiel, Lachen und Gläserklirren war nun Stille eingekehrt. Doch halt – was ist denn da für ein Wispern zu hören? Ein Raunen und Flüstern erst, das bald lauter wird.

„Ach wie gut, daß ich nicht so weich bin; du bist ja schon ganz verdrückt!" – „Dafür kann man sich an dir die Zähne ausbeißen, du steinharte Kugel!" – Tatsächlich, die Stimmen kommen aus Mutters blauer Keksdose, in der jetzt das Weihnachtsgebäck aufbewahrt wird.

„Trotzdem bin ich froh, daß ich eine knusprige Pfeffernuß bin, nicht so ein labbriger Honiglebkuchen wie du!"

Da erhebt sich ein besonders dünnes Stimmchen: „Pah, ihr seid doch beide nichts besonderes, wißt ihr denn das nicht? Schaut mich an, wie hell und fein ich bin! Ich bin so zart, daß ich auf der Zunge zergehe! Butterblumen waren schon immer Großmutters Lieblingsgebäck!"

„Papperlapapp", meldet sich da eine braungebrannte Schokobrezel, „so ein weißes Bleichgesicht schmeckt doch keinem. Ja, wenn du so kakaobraun wärst wie ich! Doch: Ohne Schokolade – dich frißt nicht mal 'ne Made!"

„Du solltest eigentlich ganz still sein!" empört sich ein Schaummakrönchen, „bei dir fehlt ja schon eine Ecke, und außerdem bist du halb verbrannt! Ich dagegen bin luftig und duftig und schmecke nach Kokosnuß!"

Die Streiterei ging noch eine Weile weiter. Doch plötzlich raschelt etwas am Weihnachtsbaum: es ist der goldene Engel, der wie jedes Jahr an die Spitze des Baumes gesteckt war.

„Wollt ihr wohl aufhören mit eurem Gezänk! Das ist ja nicht auszuhalten! Ja meint ihr denn etwa, es lohnt sich, darüber zu streiten, wer der Schönste unter euch ist, wo ihr doch alle in spätestens vier Wochen wieder verschwunden seid? – Nämlich aufgegessen!"

Es wurde still in der Plätzchendose. Doch dann hauchte das hauchdünne Butterplätzchen mit tragischer Stimme: „Ja, er hat recht; mein Leben ist in der Tat zu kurz, um es mit einem sinnlosen Streit zu vergeuden..." Es wollte unbedingt das letzte Wort haben.

Der Engel war zwar sehr klug, doch auch er wußte nicht alles: Eine kleine Pfeffernuß lag nämlich gar nicht bei den anderen in der Dose. Nein, sie war bereits am Nachmittag, als Johanna zu ungestüm in die Dose gefaßt hatte, herausgefallen und unbemerkt unter den Schrank gekullert. Bis ganz hinten an die Wand. Wo selbst der Staubsauger nicht mehr hinreichte. Und da hoffte sie, vielleicht sogar bis Ostern zu überleben. – Möglicherweise, wenn sie sich ganz still verhält?

Ursel Geisler

Weihnachten beim Weihnachtsmann

Einmal durfte der Weihnachtsmann an Weihnachten Ferien machen. Die Gewerkschaft der Weihnachtsmänner setzte es durch: Wer vierzig Jahre lang Jahr für Jahr am Heiligen Abend als Weihnachtsmann unterwegs war, hatte ein Recht auf ein arbeitsfreies Weihnachtsfest.

So ließ sich der Weihnachtsmann durch seinen Knecht Ruprecht vertreten und ging zum Fest in Urlaub. Zuerst wollte er mit seiner Frau nach Gran Canaria fliegen und unter südlicher Sonne den kalten Winter und das Weihnachtsfest einfach vergessen. Doch dann überlegten sie es sich anders. Sie blieben daheim!

Der Weihnachtsmann kaufte sich beim Förster im Wald einen hübschen Tannenbaum. Seine Frau buk Mandelplätzchen, Pfeffernüsse und Zimtsterne und heizte am Weihnachts-Nachmittag tüchtig ein.

Dann saßen sie beide in der Weihnachtsstube am Kachelofen und sangen alte Weihnachtslieder. Am festlich buntgeschmückten Tannenbaum brannten die Kerzen. Echte Weihnachtskerzen aus Wachs; keine elektrische Baumbeleuchtung!

Die brennenden Wachskerzen funkelten und leuchteten, daß es nur so eine Freude war! Unter dem Tannenbaum jedoch lagen viele Geschenkpakete. Sie kamen mit der Post, und der Paket-Ausfahrer brachte sie ins Haus.

Von wem er die vielen Geschenke kriegte, möchtest du wissen? Nun, die Kinder und Erwachsenen im ganzen Land haben sie ihm geschickt. Wer vierzig Jahre lang Jahr für Jahr zur Weihnachtszeit Geschenke brachte, dem sei es vergönnt, an seinem ersten arbeitsfreien Heiligen Abend selber viele Gabenpäckchen zu erhalten. Ja, auch der Weihnachtsmann freut sich, wenn zum Christfest jemand an ihn denkt.

Zwillings-Weihnachtsmänner

Auf den ersten Blick sehen sie beide völlig gleich aus, unsere Zwillings-Weihnachtsmänner. Sie sind gut gelaunt, sie haben Geheimnisvolles vor und sie gleichen sich wie ein Ei dem anderen. Aber bei näherem Hinsehen gibt es doch ein paar Abweichungen, oder?

Da haben sich tatsächlich einige Unterschiede eingeschlichen.

Wieviele sind es und welche? Finde es heraus!

Was macht der Weihnachtsmann, wenn Weihnachten vorbei ist?

Werden die Tage wieder kürzer, die Nächte immer länger, steht Weihnachten vor der Tür. In den Einkaufsstraßen drängen sich die Menschen, und aus den Lautsprechern der Warenhäuser überschwemmt sie eine süße Musik, die durch Mark und Bein geht und ihnen die Kopfhaut zusammenzieht. Sie beginnen sich immer dringlicher auf den Heiligen Abend vorzubereiten, sie zünden Kerzen an, backen oder kaufen Lebkuchen, basteln Strohsterne, schreiben Postkarten in alle Welt, gehen noch schnell zum Friseur, legen Wunschzettel auf die Fensterbank ...

Dann ist der langerwartete Tag endlich da, es wird Abend; der Weihnachtsmann kommt, wie ihn jeder kennt: weißer Vollbart, Zipfelmütze, pelzbesetzter roter Mantel, Stiefel, auf dem Rücken ein Sack mit Geschenken. Er hat nicht viel Zeit, der einsame Wohltäter, denn er muß noch weiter, von Tür zu Tür. Das weiß schließlich jeder. – Was aber macht der Weihnachtsmann, wenn die Bescherung vorbei ist?

Also: Wenn der Weihnachtsmann alle Menschen beschenkt hat, die es verdient haben oder verdient zu haben meinen, ist es später Abend geworden. Dann geht er langsam durch die stillen Straßen der Stadt zurück zur großen Kirche, wo er hinter der Orgel seinen Koffer abgestellt hat. Fast alle Menschen sitzen jetzt zu Hause, freuen sich, singen „O du fröhliche...", essen, trinken, zanken sich, sehen fern, packen ihre Geschenke aus, spielen miteinander oder sind krank, allein und traurig – je nachdem.

Der Weihnachtsmann holt zur selben Zeit seinen Koffer hinter der Orgel hervor. Darin befindet sich seine ganz normale Kleidung, die er rasch anzieht. Er packt seinen dicken Mantel, die Zipfelmütze und die schweren Stiefel in den Koffer, bestellt aus der Telefonzelle neben der Kirche ein Taxi und fährt zurück in sein warmes Häuschen mitten im kalten Winterwald.

Dort erwarten ihn mit Pfefferkuchen und süßem Punsch schon die himmlischen Englein, seine Helfer. Sie haben für ihn in dieser langen Winternacht einen Lichterbaum geschmückt und sogar ein heißes Bad vorbereitet. Anschließend gibt es Gänsebraten mit Klößen und Rotkohl und dazu einen guten Wein. Nach diesem Festmahl wird noch ein bißchen erzählt, es werden ein paar lustige Lieder gesungen, womöglich auch ein paar Schnäpse getrunken.

Und dann sind der Weihnachtsmann und die himmlischen Englein so hundemüde, daß sie ganz schnell ins Bett gehen, um nach den wochenlangen Anstrengungen während des ganzen Weihnachtsrummels endlich ihren verdienten Winterschlaf zu beginnen. Der dauert ungefähr bis kurz vor Ostern, wenn es draußen wieder warm zu werden verspricht und die ersten Primeln, Himmelsschlüsselchen und Veilchen sprießen.

Wie es nun weitergeht, ist fast schon eine neue Geschichte. Während seines Winterschlafs wachsen dem Weihnachtsmann nämlich ganz allmählich lange und immer längere Ohren, und auch sonst hat er sich durch die viele Ruhe völlig verändert. In der Osterzeit macht er sich schließlich nach einigen Vorbereitungen erneut auf den Weg in die Stadt, diesmal in etwas anderer Verkleidung: als Osterhase. Die restlichen Schokoladenweihnachtsmänner und -tannenzapfen sind in den Fabriken in Schokoladenosterhasen und -eier umgeschmolzen worden, aus Lametta und Engelshaar wurde grünes Ostergras.

Jetzt werden die Tage wärmer und sonniger, und der Osterhase labt sich nach getaner Arbeit an den frischen Kräutern, dem Salat und Kohl in seinem Garten mitten im Wald. Bis ihm nach und nach, im Herbst, wieder ein langer weißer Bart wächst, der ihn an seine Weihnachtspflichten erinnert. Und wir beginnen, Kerzen anzuzünden, Strohsterne zu basteln und legen Wunschzettel auf die Fensterbank.

Wolfgang Bittner

Der Weihnachtshahn

Mein Großvater war sehr fürs Praktische. Schließlich war er Handwerker und Erfinder. Mein Großvater schenkte auch praktisch. Besonders zu Weihnachten, da konnte sich gegen die Geschenke keiner wehren.
„Blumen oder Pralinees oder so was", sagte er zu meiner Großmutter, „na, das kann aber schon jeder schenken. Und nach drei Tagen, da schmeißte die alten Primeln in den Eimer, und die Schokolade hätt' sowieso ich gegessen. Aber bei dem Elektrotopf hier, da brennt dir nichts mehr an, nich so viel. Da wirste noch Jahre an mich denken, Mutti."
Da stand meine Großmutter also mit dem glänzenden Topf vor dem Tannenbaum und mußte sich freuen. Und es brannte auch wirklich nie etwas an in dem Topf, denn er wurde einfach nicht heiß genug.

Im Jahr darauf war ein Sicherheits-Schnellkochtopf dran. Mein Großvater überarbeitete kurz das Sicherheitsventil, um einen Super-Schnellkochtopf daraus zu machen. Kurz vor dem Mittagessen am Dreikönigstag flog der Topf dann auseinander, und meine Großmutter stand einen Nachmittag lang in der Küche, um den Rotkohl wieder von den Wänden abzuwaschen.
In der Verwandtschaft verschenkte mein Großvater besonders gern seine Aschenbecher. Er verschenkte Aschenbecher, in denen Zigarettenkippen geruchlos verschwanden. Oder Aschenbecher mit automatischer Löschvorrichtung für brennende Zigaretten. Oder Aschenbecher mit Alarmklingel gegen Zimmerbrände. Mein Großvater machte sich überhaupt viel Gedanken um die Gefah-

ren durch das Rauchen. Schließlich wohnte er nicht nur gegenüber der Feuerwehr, er war auch Nichtraucher.

Für uns Kinder erfand mein Großvater Fahrradreifen, die nicht platzten, und wenn du durch fünfzig Nägel fuhrst. Und meiner Großmutter baute er eine Nähmaschine, mit der er vor den Augen der staunenden Familie zwei Blechplatten wirklich und wahrhaftig zusammennähte. Kein Trick oder doppelter Boden. Jeder durfte sie anfassen, die Blechplatten, zusammengenäht sogar. Zur Zeit der Ritterrüstungen wäre das ein Riesenerfolg geworden; aber wann hatte meine Großmutter schon mal Blechplatten zu nähen?

Und so blieb es dabei, daß mein Großvater abends, wenn er die Werkstatt abgeschlossen hatte, mit seiner „Mutti", wie er meine Großmutter unentwegt nannte, mit genießerischem Blick an den schönen Villen von Bad Warmbrunn vorbeispazierte. Von seinen Erfindungen konnte er sich so eine Villa jedenfalls nicht leisten.

Na, aber zurück zu den Weihnachtsgeschenken meines Großvaters. Dieses Jahr hatte mein Großvater sein Weihnachtsgeschenk im Nu und Augenblick herausgefunden. „Wenn man's erst weiß, isses ganz einfach", sagte er. Wie zufällig war er vormittags zu meiner Großmutter in die Küche gekommen, hatte kurz herumgelungert und in die Töpfe geguckt. „Ahh, Nudelsuppe", hatte er gesagt und meine Großmutter verstohlen beobachtet.

„Nu sag bloß, was willste denn? Hast du schon Hunger?" hatte meine Großmutter gefragt und wieder mal ihre schmerzenden Knie gerieben. Und zu meinem Vater, der auch in der Küche saß, sagte sie „Er ist eben so ein richtiger Suppenkaspar!" Mein Vater nickte eifrig, er war selber einer.

Blitzschnell hatte mein Großvater das Problem erkannt: Der Wasserhahn war schuld. Die Spüle mit dem Wasserhahn war an dem einen Ende der Küche, am anderen Ende stand der Herd. Zu einer guten Suppe aber brauchte es Wasser für die Brühe. Also mußte die Großmutter mit dem Kochtopf quer durch die Küche. Und die Küche war das größte Zimmer in der ganzen Wohnung. Direkt über dem Herd gab es zwar einen Wasseranschluß, aber dem fehlte der Hahn. Natürlich, ein Wasserhahn gegen Großmutters Knieschmerzen; daß mein Großvater darauf nicht schon längst gekommen war. Ein Wasserhahn als Weihnachtsgeschenk. „Herrlich!" sagte er. Und meine Großmutter lächelte geschmeichelt, sie dachte an ihre Nudelsuppe.

Am Heiligen Abend in der Frühe hörte mein Vater, unfreiwillig natürlich, ein Gespräch zwischen meinem Großvater und dem Onkel mit an; der war auf Weihnachtsurlaub. „So ein Geschenk, das muß nich gleich viel kosten", hatte mein Großvater erklärt, „aber wenn die Mutti eine Erleichterung davon an den Beinen hat, verstehst du, na, soll ich mich da lumpen lassen?" Und dann waren die beiden losgezogen, um den schönsten Wasserhahn von Bad Warmbrunn zu kaufen.

79

Dann kam die Bescherung. Mein Vater prüfte gerade die Eisenbahn, die sein kleiner Bruder zu Weihnachten bekommen hatte. Er zog die Lokomotive mit einem großen Schlüssel auf, jedesmal ein bißchen mehr, bis die Lok wie irrsinnig den Tannenbaum umraste, während sein kleiner Bruder danebenstand und heulte, weil er selber mit seiner Eisenbahn spielen wollte.

Mein Großvater hatte sich inzwischen mit Wasserhahn und Onkel an der Großmutter und dem Schwager Paul vorbei in die Küche verdrückt. Man hörte es hämmern und quietschen. Nach einer Weile hörte man's auch rauschen und zischen aus der Küche. Und meine Großmutter wollte schon was sagen, aber da entgleiste die Eisenbahn und ratterte unters Sofa, und mein Vater nahm lautstark die Verfolgung auf.

Er war gerade unter dem Sofa verschwunden, da überstürzten sich die Ereignisse. Als erstes hing ein Schrei in der Luft: „O Gott!" Und wenn der Schrei nicht gar so laut und schrill gewesen wäre, er hätte zum Heiligen Abend gut gepaßt. Aber zu dem Schrei gesellte sich ein Zeigefinger, starr auf die Küchentür gerichtet, der linke Zeigefinger meiner Großmutter. Dann sahen es alle: Unter der Küchentür quoll Wasser heraus, viel Wasser. Und es quoll schnell über die Türschwelle, breitete sich über den Fußboden aus und kam auf das Sofa zu.

„Walter!?" Damit war mein Großvater gemeint; meine Großmutter warf sich gegen die Küchentür. Der Rest der Familie preschte hinterher, die wollten alle was sehen.

Wenn man in der Küchentür stand, war alles gut zu überblicken. Mein Großvater stand in Hemd und Hosenträgern vor dem Herd und preßte den neuen Wasserhahn gegen die Wand. Hinter ihm stand der Onkel, eine Hand in der Achselhöhle meines Großvaters verankert, die andere in seinen Hosenbund gekrallt, und half drücken. Und mitten aus der Wand hinter dem Küchenherd, aus dem aufgeschraubten Wasseranschluß, sprang ein Wasserstrahl auf meinen Großvater zu, sprang, man könnte sagen, mit Freude an seiner neuen Freiheit, glatt und klar und waagrecht durch die Luft, bis er auf ein Hindernis traf. Und dort zerstob der Wasserstrahl in tausend leuchtende Tropfen. Das Hindernis war mein Großvater.

Mein Großvater rief halb erstickt: „Du, ich glaub', wir schaffen's nich." Und der Onkel rief nach vorn in den Wolkenbruch: „Der Haupthahn! Hab' ich's nicht gesagt?" Im gleichen Augenblick drückte mein Großvater wieder den neuen Wasserhahn auf die Fontäne und versuchte verzweifelt, den Hahn ins Gewinde zu zwingen. Aber der Wasserdruck wischte ihm die Hand zur Seite. Sehen konnte mein Großvater nichts mehr, er arbeitete nur noch nach Gefühl.

Jetzt trat Großvaters Schwager Paul in Erscheinung, Paulchen genannt, ein stiller Mensch von fast zwei Metern Länge. Er watete in seinen guten Schuhen quer durch den Regen auf den Flur, hastete ins Erdgeschoß und pumperte beim Hausmeister an die Tür. „Schnell, schnell, wirst du wohl rauskommen, du! Und bring den Kellerschlüssel mit!"

Der Hausmeister hatte gerade Bescherung und war unwillig. Bis der sich vom Tannenbaum losgerissen und verstanden und den Kellerschlüssel geholt hatte, das dauerte. Meinem Großvater jedenfalls kam es vor wie eine Ewigkeit.

„Neeneenee, und gerade jetzt", sagte der Hausmeister. „Daß die Menschen auch nie Ruhe geben können. Nicht mal am Heiligen Abend hat man seinen Frieden." Und die Hausmeistersgattin rief ihm schnell nach: „Ich glaube, es kommt schon durch die Decke."

Plötzlich versiegte der silberhelle Wasserstrahl in Großmutters Küche. Mein Großvater und der Onkel standen einen Augenblick da wie Standbilder in einem abgestellten Springbrunnen. Dann ging alles ganz schnell. Den Wasserhahn anschrauben und mit einer Zange festziehen war eine Sache von Sekunden.

„Na, Mutti", sagte mein Großvater, wischte Wasser von der Stirn und nahm die nasse Großmutter bei der Hand, „an das Weihnachten, da werden wir aber noch lange denken. Und guck mal, wie er glänzt, und der Griff aus echtem Porzellan."

„Ja, Walter", sagte meine Großmutter und ging den Wischlappen holen.

Burghard Bartos

Die fleißigen Helfer des Christkinds

Das Spiellied ist nach der bekannten Melodie „Wer will fleißige Handwerker sehn?" zu singen. Als Requisiten können die in der jeweiligen Strophe erwähnten Gegenstände eingesetzt werden. Jedes mitspielende Kind erhält einen Gegenstand (evtl. gebastelt) und führt die passende Bewegung aus.

1. Wer will Plätzchenbäcker sehn,
   der muß zu uns Kindern gehn.
   Den Teig rollt aus, den Teig rollt aus,
   feine Plätzchen stechet aus.

2. Wer will Päckchenpacker sehn,
   der muß zu uns Kindern gehn.
   Packet ein, packet ein,
   die Gaben sollen fertig sein.

3. Wer will gern Schneeflöckchen sehn,
   der muß zu uns Kindern gehn,
   wir betteln fest, wir betteln fest,
   daß es Frau Holle schneien läßt.

4. Wer will die Weihnachtskrippe sehn,
   der muß zu uns Kindern gehn.

Baut sie auf, baut sie auf,
den goldnen Stern steckt oben drauf.

5. Wer will unseren Christbaum sehn,
der muß zu uns Kindern gehn.
Stellt ihn her, stellt ihn her,
mit Kugeln schmückt ihn kreuz
und quer.

6. Wer will die roten Kerzen sehn,
der muß zu uns Kindern gehn.
Zündet an, zündet an,
ein jedes Licht strahlt, was es kann.

7. Wer will den Weihnachtsbraten sehn,
der muß zu uns Kindern gehn.
Braun und rund, braun und rund,
uns läuft das Wasser schon im Mund.

8. Wer will fröhliche Sänger sehn,
der muß zu uns Kindern gehn.
Stille Nacht, heilige Nacht,
wir singen, bis das Christkind lacht.

9. Wer will dankbare Leute sehn,
der muß zu uns Kindern gehn.
Wir spenden Geld, wir spenden Geld
für alle Armen dieser Welt.

10. Wer will Heilig Abend sehn,
der muß zu uns Kindern gehn.
Seht nur her, seht nur her,
wir Kinder freu'n uns alle sehr.

Alfons Schweiggert

Die Weihnachtsstraßenbahn

Als Großvater und Peter in die Straßenbahn einstiegen, waren sie die einzigen Fahrgäste. Sie setzten sich hinter den Lenker, damit Peter alles gut beobachten konnte. Draußen fiel sachte Schnee hernieder. Er kam gerade zur rechten Zeit, denn in zwei Tagen war Weihnachten. Großvater hielt vorsichtig eine große Schachtel auf den Knien. Darin waren die Kekse, die Großmutter für ihre Tochter gebacken hatte. Großvater und Peter hatten ihr dabei geholfen. Was hatten sie am besten gekonnt? Naschen natürlich. Da war Großmutter mit dem Kochlöffel hinter ihnen her gewesen, und es hatte viel Spaß gegeben.

Daran mußte Großvater denken, wie er hinaussah in das weiße Gewirbel, und auf einmal, ganz unbewußt, fing er zu summen an: „Ihr Kinderlein kommet ..." Nun, Peter gab sich mit dem Summen allein nicht zufrieden. Er sang so gern, und deshalb klang es jetzt laut und hell: „Zur Krippe her kommet in Betlehems Stall!"

Inzwischen waren schon einige Leute zugestiegen. „Wirst du still sein!" sagte Großvater. „Schließlich sind wir hier nicht zu

Hause!" „Ach was", sagte der Fahrer lachend, „Singen ist überall erlaubt!" Und schon mischte sich eine weibliche Stimme in Peters Gesang. Da kriegte auch Großvater Mut und sang laut mit: „Die redlichen Hirten knien betend davor ..." Sie sangen und blieben nicht allein dabei. Je mehr die Straßenbahn sich füllte, um so mehr Stimmen mischten sich ein.

Plötzlich gab der Fahrer ein Klingelzeichen. Es war ein vollkommen verkehrswidriges Klingelzeichen. Es war nur die Ankündigung dafür, daß jetzt auch der Fahrer Lust bekommen hatte mitzusingen. Er hatte einen prächtigen Baß und riß alle mit sich fort. Sie sangen all die schönen alten Weihnachtslieder. Die Einsteigenden bei den Stationen waren zuerst ganz verblüfft. Wo waren sie da nur hingeraten? In eine Straßenbahn oder in einen Gesangsverein? Aber sehr rasch kriegten auch sie Lust mitzusingen. Je mehr die Straßenbahn in die Stadt kam, je mehr sie sich füllte, um so prächtiger tönte der Gesang, und nun stiegen auch schon einige Leute aus purer Neugier zu. „So was!" sagten sie. „Das ist ja eine richtige Weihnachtsstraßenbahn!"

Peter freute sich mächtig über jeden neuen Sänger, hopste manchmal vor lauter Vergnügen und schlug den Takt. Jetzt kamen sie in die Innenstadt, wo der Verkehrslärm alles übertönt. Nur den Gesang aus der Straßenbahn konnte er nicht übertönen. Die Leute auf der Straße sahen der Bahn lachend oder kopfschüttelnd nach. Man ist es ja schließlich schon gewöhnt, daß überall in den Kaufhäusern Weihnachtslieder gedudelt werden, untermalt vom Gerassel der Registrierkassen, und Engel aus Plastik dazu die Augen verdrehen, ohne daß noch jemand zuhört. Aber eine Straßenbahn voll Musik, das war etwas Unerhörtes, und Leute, die sich gar nicht kannten, nickten einander lächelnd zu. „Ja", sagte einer, „vor Weihnachten ist eben alles möglich."

Großvater und Peter waren nun am Ziel angelangt. Großvater holte ein paar Kekse aus dem Paket und schenkte sie dem Fahrer. Dann gaben sie ihm beide die Hand. „Ich wünsch dir einen ganzen Berg Geschenke!" sagte der Fahrer zu Peter. „Ich Ihnen auch!" Dann waren sie ausgestiegen, und die Straßenbahn voll Gesang verschwand im Schneetreiben.

Großvater blieb noch zum Kaffee bei seiner Tochter, und als er an der Haltestelle auf die Straßenbahn wartete – was kam ihm da entgegen? Die Weihnachtsstraßenbahn, immer noch gefüllt mit fröhlich singenden Leuten, und den kräftigen Baß des Fahrers hörte man aus allem heraus. „Das ist aber schön, daß wir uns wieder treffen!" sagte Großvater lachend zu dem Fahrer. Der Fahrer lachte, klingelte wieder einmal kurz und ganz verkehrswidrig – nur so, zur Begrüßung, und Großvater stimmte gleich vergnügt in den muntern Chor ein. Am Ende der langen Fahrt war er wieder allein mit dem Fahrer, da sangen sie miteinander zweistimmig.

Was sangen sie? Das schöne alte Lied: „Es ist ein Ros entsprungen".

Schließlich hielt die Bahn, und die beiden Männer schüttelten einander kräftig die Hände. „Man erlebt ja beim Fahren so mancherlei", sagte der Fahrer, „aber dieses Weihnachtssingen in meiner Bahn ist mein schönstes Erlebnis gewesen!"

Großvater stieg aus. Draußen lag der Schnee schon hoch, und die Straßenbahn kam immer mühsamer voran. Bald würde sie überhaupt nicht mehr weiter kommen und in den Bahnhof fahren. Dort würde sie schlafen und träumen und dabei lächeln – soweit eine Straßenbahn überhaupt lächeln kann.

Marianne Kaindl

Zwei Kugeln sind gleich

Eine Menge bunte Kugeln hat Sabine aus der Weihnachtskiste im Speicher geholt, um den Christbaum damit zu schmücken.
Alle sind verschieden – oder etwa nicht?
Zwei der Christbaumkugeln sind vollkommen gleich. Welche Kugeln sind es?
Male diese beiden Kugeln in der gleichen Farbe an!

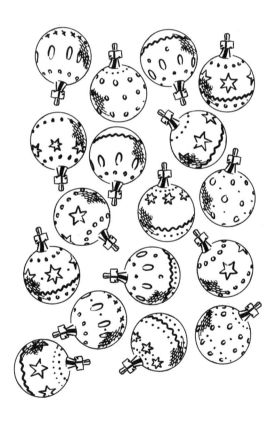

Weihnachten diesmal in Afrika?

In einer kalten Dezembernacht
habe ich mir dies ausgedacht:
Jetzt eine leichte Reisetasche,
dazu eine große Wasserflasche,
einen Schlafsack, zwei Paar Schuh,
und dann nach Süden zu!
In einer Sahara-Oase
wäre ich gern und zum Spaße.
Bei Hirten und Herde
schliefe ich dort auf der Erde.
Nachts ist's in der Wüste kalt.
Am Tag, wenn die Sonne knallt,
würde ich schläfrig rasten.
Kamele mit schweren Lasten
würden neben mir liegen.
Oh, daß sich die Balken biegen,
wenn der uralte Märchenberichter,
ein wahrhafter Dichter,
von früher erzählt,
aus einer anderen Welt!
Eis, Nebel, der Herbststürme Chor
kommen in seinen Geschichten nicht vor.
Ich höre ihm zu ganz brav
und – falle in Winterschlaf.
Im Februar könnt ihr mich wecken,
dann schlüpfe ich aus den Decken.
Wenn auf Flüssen die Eisschollen brechen,
dann bin ich wieder zu sprechen ...

Jahreswechsel und Dreikönig

Wir wünschen einander ein gutes neues Jahr
und machen uns als Könige auf den Weg ...

Neujahrsspruch für einen kleinen Glücksboten

Ist das alte Jahr vergangen,
will ein neues Jahr anfangen,
treten Sprücheklopfer an,
sagen Nettes dann und wann;
jeder sagt's, so gut er kann.
Auch ich bin heut hergekommen,
und ich hab mir vorgenommen
was Gereimtes vorzutragen.
In zwei Sätzen will ichs sagen:
Freunde, das alte Jahr geht futsch,
und darum wünsche ich: Guten Rutsch!

Berliner sterben zum Jahresende

In der Adventszeit besuchte Großvater Scherzhuber seine Enkelkinder Ricky und Maximilian. In der Regel war der Opa lustig und vergnügt, wenn er zu Besuch kam. Doch heute war er bedrückt, und er machte ein trauriges Gesicht. „Was hast du, Opa?" fragte ihn Maximilian besorgt. „Hast du Kummer – oder was fehlt dir?"
„Ach, ich bin fast trübsinnig, wenn ich daran denke, was für schreckliche Dinge auch in diesem Jahr an Silvester passieren werden", sagte der alte Großvater schwermütig.
„Ach, was soll schon passieren", winkte Ricky ab. „Ein Feuerwerk wird's geben wie in jeder Neujahrsnacht. Aber das ist doch nichts Schlimmes oder gar Schreckliches."
„Das sagst du so in deinem jugendlichen Leichtsinn", jammerte der Opa mit weinerlicher Stimme. „Diesmal wird's ganz besonders grauenvoll: Vier Millionen Berliner müssen Silvester sterben! Sie scheiden klaglos dahin, ohne vorher ein Testament gemacht zu haben."
Ricky mußte fast lachen. „Was redest du für einen Unsinn, Opa!" sagte er kopfschüttelnd. „Warum sollte die gesamte Bevölkerung von Berlin ausgerechnet an einem Tag sterben müssen?"
„Es ist wahr, Kinder! Ich rede kein wirres Zeug. Ach, die vielen süßen Berliner! Sie sind so rund und knusperbraun. Und wie sie duften! Sie sind überhaupt nicht mit den fetten Hamburgern zu vergleichen. Jedermann liebt sie, die köstlichen Berliner. Und doch müssen sie alle sterben; sie haben ein Herz aus – Pflaumenmus!"
„Jetzt fängst du wohl an zu spinnen? Tut mir leid, Opa, daß ich dir das sagen muß", krähte Maximilian.
Doch Ricky begann laut zu lachen: „Der Opa hat recht! Wie dumm von mir, daß ich nicht gleich daran gedacht habe. Die wohlgelungenen Berliner mit der brutzelbraunen Haut und dem süßen Herzen aus Pflaumenmus werden die Silvesternacht wahrscheinlich wirklich nicht überstehen."
Opa schmunzelte, und jetzt begann es auch bei Maximilian zu dämmern: Die netten Berliner, die sterben mußten, waren Silvesterkrapfen, auch „Berliner Pfannkuchen", abgekürzt „Berliner" genannt. Kluge Leute hatten ausgerechnet, daß davon rund vier Millionen zur Jahreswende gebacken und auch verspeist würden:

Ihr sanfter Tod bringt niemand in Not;
sie sind ein süßes Silvesterbrot!

Herrn Schottels Silvesterfreude

Herr Schottel ist im ganzen Land
als äußerst preisbewußt bekannt.
Er wirft kein Geld mit vollen Händen,
er spart an allen Ecken und Enden.

Wenn er vor seiner Wanne steht,
sinnt er: „Wie schnell die Zeit vergeht!
Heut muß ich baden. Ich bin so frei.
Schon wieder ging ein Jahr vorbei ..."

Ein sonderbares Silvestergespräch

Am Silvesterabend saß eine Großbauernfamilie fröhlich beisammen, und der Vater sagte: „Heute nachmittag habe ich den Mähdrescher überholen lassen. Morgen feiern wir das Neujahrsfest, aber übermorgen müssen wir mit der Ernte beginnen. Wenn kein Unwetter kommt, bringen wir das Getreide rechtzeitig in die Scheune und können am Dreikönigstag mit dem Auto zum Strand fahren und baden."
„O fein!" rief John, der zehnjährige Sohn des Bauern. „Darf ich bei dir auf dem Traktor sitzen, wenn du das Korn mähst? Wir haben doch Weihnachtsferien, und ich brauche nicht in die Schule zu gehen."
„Meinetwegen", sagte der Vater. „Aber setz einen Strohhut auf, damit du keinen Sonnenstich bekommst."
„Die Hitze macht mir nicht viel aus", versicherte John. „Ich möchte dir gern helfen. Du hast selbst gesagt, daß bei der Ernte alle Hände gebraucht werden."
„Also gut", antwortete der Vater, und die Mutter versprach: „Ich bringe euch einen Krug mit kühlem Eukalyptustee aufs Feld, damit ihr nicht bei der Arbeit verdurstet."

Dieses Gespräch hört sich wie ein Silvesterscherz an; aber es ist keiner. Warum?
Nun, dieses Gespräch fand in Australien statt, auf der südlichen Halbkugel unserer Erde. Dort aber ist Hochsommer, wenn bei uns der kalte Winter Einzug gehalten hat; und mitten im Sommer beginnt bekanntlich die Getreideernte.

Der Wicht mit dem Füllhorn

Mario war wütend, weil es ihm seine Eltern nicht erlaubt hatten, bis Mitternacht aufzubleiben. Es war Silvesterabend, und überall wurde gefeiert. Auch seine Eltern waren ausgegangen, gemeinsam mit Nachbarn und Freunden den Abend zu verbringen. Nach

Meinung seiner Eltern war der Bub groß genug, allein in der großen Wohnung zu bleiben, in der man sich, wenn man wollte, manchmal sogar fürchten konnte. Aber Mario wollte nicht! Er hatte keine Angst. Weder vor Einbrechern, noch vor Gespenstern. Er war nur mißgelaunt und wütend über Mama und Papa. Zum Mitfeiern am Silvesterabend war er zu klein, zum allein Daheimbleiben groß genug: wie reimte sich das zusammen? Mario hielt es nicht in den Federn aus. Er stand aus seinem Bett auf und ging ans Fenster. Er zog die Vorhänge zurück, denn er wollte sehen, ob es noch schneie. In den letzten Tagen und Nächten war viel Schnee gefallen. Nein, es schneie nicht mehr.

Der Himmel war licht und sternenklar. Der Vollmond schaute mit gelbem Lächeln von oben auf Mario herunter. Er wirkte fast ein wenig hochnäsig, der gute alte Mond da oben unterm Sternenzelt.

Auf einmal schwebte ein kleiner Engel durch die Nacht. Er kam vom Himmel herunter, und er trug ein blumengeschmücktes Füllhorn in den Armen. Das Füllhorn schien reichlich groß für den kleinen Flatterer. Er segelte über den Himmel, kam näher und näher, bis er dicht unter Marios Schlafzimmerfenster vorüberschwebte. Gleich flog er wieder etwas höher, drehte noch eine Runde, und plötzlich ließ er sich vor Marios Augen auf dem Fenstersims nieder. Dort setzte er sich hin, ohne das Füllhorn aus den Armen zu lassen, und baumelte mit den Beinen.

Mario öffnete sofort das Fenster, dessen Flügel nach innen aufgingen, und fragte: „He, wer bist du?"

Der kleine Kerl schaute Mario an und schien kein bißchen überrascht zu sein.

„Ich bin vom Himmel geschickt", antwortete er mit kecker Stimme. „Ich stamme aus dem Schoß der Zeiten und habe den Auftrag, für die nächsten 365 Tage hier auf Erden die Geschicke zu bestimmen. Vielleicht sind es sogar 366 Tage, die ich hier auf der Erde verweilen muß. Ich weiß es nicht so genau, denn ich habe noch nicht in meinen Zeitplan geschaut. Darf ich ein bißchen zu dir kommen und mich aufwärmen? Im Weltraum war es lausig kalt, das muß ich schon sagen. Aber hier auf der Erde soll's mit meiner Hilfe bald wieder etwas wärmer werden."

„Komm rein!" rief Mario begeistert aus. „Ich glaube, von dir kann ich viel lernen. Wir werden gewiß großen Spaß miteinander haben. Wenn du bei mir im Zimmer bist, kann ich das Fenster wieder schließen. Dann ist es nicht mehr so kalt."

„Das kann mir nur recht sein", antwortete der muntere Wicht. „Du mußt mir nur versprechen, wenn die Glocken von den Kirchtürmen zu bimmeln beginnen, mich wieder ins Freie zu lassen; denn dann beginnt mein Dienst."

„Um Mitternacht?" fragte Mario ungläubig. „Du mußt um Mitternacht mit deiner Arbeit beginnen?"

„Ja, so ist es!"

„Dann hast du aber einen merkwürdigen Beruf. Du siehst doch noch wie ein Kind aus. Kinder dürfen bei uns überhaupt nicht arbeiten; schon gar nicht in der Nacht."
„Bei mir liegen die Dinge etwas anders", lachte der Knirps und zeigte zwei Reihen schneeweißer Zähne. „Ich bin zwar im Augenblick noch sehr klein. Doch ich werde sehr schnell wachsen; und zum Schluß, wenn 12 Monate um sind, bin ich ein alter Mann."
Mario runzelte die Stirn, als er nachbohrte: „Nun mach es mal nicht allzu spannend! Was du mir erzählst, grenzt ja schon an Zauberei. Wer bist du?"
„Hast du es immer noch nicht erraten, du Dummkopf?" kicherte der Frechdachs. „Ich bin ..."
„Halt!" rief Mario. „Ich ahne, wer du bist. Du bist kein vom Himmel herabgefallener Engel, sondern – das neue Jahr. Stimmt's?"
„Du bist doch kein Dummkopf, sondern wahrscheinlich sogar ein ganz schlaues Bürschchen!" rief der kleine Kerl und klatschte vor Freude in die Hände. Dabei mußte er darauf achten, daß ihm nicht bei seinem Übermut das Füllhorn zu Boden glitt. „Alle Menschen warten auf mich und auch die Pflanzen und Tiere. Ich bringe ihnen die Hoffnung zurück. Bald werden die Tiere aus ihrem starren Winterschlaf erwachen und die Pflanzen wieder keimen. Die Laubbäume werden wieder grün, und auch die Menschen sollen sich freuen."

„Was schleppst du da ständig für eine unhandliche Posaune mit dir herum?" wollte Mario wissen.
Das junge Jahr schmunzelte und erklärte ihm: „Das ist ein Füllhorn und kein Blasinstrument. In diesem Füllhorn trage ich alle die Dinge, welche ich der Erde und den Menschen in den nächsten 52 Wochen bringen muß. Es sind gute Sachen in meinem Füllhorn und böse; wie es im Weltall vorbestimmt wurde."
„Und das alles hat in diesem kleinen Behälter Platz?" staunte Mario. „Darf ich mal hineinschauen?"
Erschrocken hielt das junge Jahr seine Patschhände über das Horn.
„Nein, nein! Das geht nicht. Niemand darf im voraus wissen, was in meinem Horn zu finden ist. Bisher liegt noch alles wie Kraut und Rüben durcheinander. In 12 Monaten freilich wirst auch du wissen, was drinnen war."
„Ja, dann weiß es jeder", murrte der Junge. „Dann ist es nicht mehr interessant."
Dann hatte Mario eine glänzende Idee: „Könntest du nicht wenigstens ein bißchen in deinem Füllhorn vorsortieren? Wir könnten gemeinsam den Mist, der darinnen ist, aussortieren und beiseiteräumen. Weißt du was, wir nehmen das Böse aus deinem Füllhorn heraus und – werfen es einfach aus dem Fenster!"
Das junge Jahr schmunzelte wohlwollend über den Vorschlag des gewitzten Buben.
„Nein, mein Lieber! Es wäre schön, wenn wir das Böse für dieses Jahr klammheimlich

aus dem Fenster werfen könnten: die Kriege, die Armut, die Hungersnöte, die Krankheiten, die Unglücksfälle und den Bombenterror."

Mario nickte traurig. „Nun gut", sagte er, „ich sehe ein, die ganz schlimmen Dinge sind nicht aus der Welt zu schaffen. Aber ein paar von den kleinen Bösartigkeiten könnten wir doch verschwinden lassen. Ich denke da zum Beispiel an schlechte Zeugnisse, an Neid und Ärger oder an die Autounfälle auf der Straße."

„Nein, auch das nicht!" sprach das Jahr und bekam einen sehr ernsten Gesichtsausdruck. „Wenigstens ein paar Lügen und Petzereien könntest du ungeschehen machen!"

Nun mußte das junge Jahr doch wieder lächeln. Mario war auch wirklich ein hartnäckiges Kerlchen.

„Ich will's bedenken", beendete das junge Jahr die Auseinandersetzung. „Ein paar Lügen und Unhöflichkeiten könnte ich vielleicht unter den Tisch fallen lassen. Mehr jedoch kann ich ehrlich nicht für dich tun."

Auf einmal begannen von allen Türmen der Stadt die Glocken zu läuten. Das junge Jahr wurde unruhig. „Ich hätte mich nicht verplaudern sollen", rief es aufgeregt.

Mario beruhigte den kleinen Freund: „Ich weiß, was du jetzt vorhast! Ich halte mein Versprechen und öffne dir das Fenster; damit du wieder hinaus kannst in die weite Welt."

Er hatte kaum das Fenster geöffnet, als das neue Jahr auch schon abschwirrte. Hast-du-nicht-gesehn war es hier und dort, und auch in unserem Land!

Und Mario? Am nächsten Morgen war sich der kleine Bengel nicht mehr so sicher, ob er diese Geschichte wirklich erlebt, oder ob er sie nur – geträumt hatte.

Der Mann des Monats

Jan Rau lebt nur im Januar;
sein Pelz ist weiß, wie wunderbar!
Sein Hut gleicht eher einem Topf,
er trägt stets einen kühlen Kopf,
und den behält er, wenn der Frost
so richtig eisig kommt aus Ost
und knackt, um uns mit seinen steifen
Sturmfingern in das Ohr zu kneifen.

Jan läßt sich dadurch nicht verbittern,
nur Sonnenschein kann ihn erschüttern.
Doch wann gibt's Sonne schon im Winter,
wenn's friert und schneit?
Wer kommt dahinter
schnell, wer es sein mag? Ihr seid schlau:
Sagt mir geschwind, wer ist Jan Rau?

(Januar)

Zum Neujahrsumzug der heiligen drei Könige

1. Kind (Kaspar):
Die heiligen drei Könige
ziehn um mit dem Stern.
Sie hätten von euch eine Gabe gern.
Doch nicht für sich selber,
nach altem Brauch
für die, die nichts haben,
Geld nehmen sie auch.

2. Kind (Melchior):
Die heiligen drei Könige aus Morgenland,
sie kommen gezogen mit offener Hand.
Sie wünschen sich Plätzchen
mit Zuckerguß.
Die essen sie selber mit Dank und Genuß.

3. Kind (Balthasar):
Die heiligen drei Könige wünschen Glück.
Sie bitten um ein Groschenstück.
Sie wünschen dem Spender Glückseligkeit
und Freude und Frohsinn für alle Zeit.

Der echte Dreikönigszug

Lange Zeit hatten wir uns nicht darüber einigen können, wer nun eigentlich den Mohren darstellen dürfe; denn den Spaß, mit rußgeschwärztem Gesicht von Haus zu Haus zu ziehen, wollte sich keiner von uns entgehen lassen. Schließlich hatte ich den Gedanken aufgebracht, daß einen würdigen Mohrenkönig nur der abgebe, der mit dem schwarzen Gesicht auch ein entsprechend königlich-afrikanisches Kostüm vorzuweisen habe. So kam es, daß Willi freiwillig zurücktrat und sich für die Rolle des Königs Melchior entschied. Er konnte als Oberministrant auch leicht echten Weihrauch beschaffen, ohne den nun einmal König Melchior nicht zur Anbetung des Kindes ausziehen darf.
So stand die Wahl, wer als König Kaspar und wer als Balthasar die Reise nach Betlehem antreten werde, nur noch zwischen dem Karrer Hans und mir offen; und es hätte nicht viel gefehlt, so wäre ich als schwarzer König daraus hervorgegangen, weil ich den Rest einer roten Fahne, die ich auf unserem Dachboden gefunden hatte, als besonders kleidsames und majestätisches Kostüm aufweisen konnte. Aber da fiel die entscheidende Frage: „Hast du auch eine Myrrhe?"

Der Karrer Hans hatte diese Frage natürlich nur gestellt, um Zeit zu gewinnen; denn was eine Myrrhe sei, wußte er ebensowenig wie Willi oder ich.

Damit waren wir mit unserer Beratung am toten Punkt angekommen; und weil keiner von uns dreien auch nur irgendeinen Ersatz für eine Myrrhe vorschlagen konnte, brachen wir unsere Sitzung hinter dem Opacher Stadel ab und vertagten unsere Besprechung auf den nächsten Abend.

Als ich nach Hause kam, wurde bereits das Abendessen auf den Tisch gestellt: ich stierte in die Schüssel, ohne zu sehen, was darin dampfte. Ich aß wenig und hastig, so daß man mich mit mißtrauischen Augen musterte. Und kaum war das Essen zu Ende, machte ich mir in einem Wandschränkchen zu schaffen, in dem ich zwischen Wollknäueln und Zeitungen eine „Legende" wußte, also ein frommes Buch mit allen Evangelien der Sonn- und Festtage und ihrer Erklärung. Mit einiger Mühe fand ich schließlich das Fest der Heiligen Drei Könige oder Epiphanie, was zu deutsch „Erscheinung des Herrn" heißt, wie daneben vermerkt stand. Dann saß ich unter der Lampe am Tisch, den Kopf mit beiden Händen stützend, und las zum erstenmal die Begebenheit von den drei Weisen, die aufgebrochen waren, um den Messias zu suchen und anzubeten. Dabei fiel mir unangenehm auf, daß in dem Bericht mit keinem Wort erwähnt war, daß die Drei Könige von Haus zu Haus gezogen seien oder daß sie Verse aufgesagt und dafür Süßigkeiten, Lebkuchen oder andere weihnachtliche Raritäten erhamstert hätten, wie wir es vorhatten. Das Schlimmste aber war, daß selbst in diesem dicken Buch nicht der geringste Hinweis gegeben wurde, was eine Myrrhe sei; es war nur erwähnt, daß einer der Könige Gold, ein anderer den Weihrauch und ein dritter die Myrrhe als Geschenk dargebracht habe.

Plötzlich hatte ich den Eindruck, als sei es in der Stube seltsam ruhig geworden. Eine dicke, fette Winterfliege brummte mir ins Buch. Ich spürte die Stille und schaute auf. Alle sahen zu mir her, die Geschwister mit deutlichem Spott im Gesicht, die Eltern mit besorgten Mienen; denn es war bislang noch nie passiert, daß ich so öffentlich, ja geradezu auffällig in einem frommen Buch gelesen hatte. Ich klappte es rasch zu, stieß es in den Kasten zurück und rannte hinaus, um mich irgendeiner peinlichen Frage zu entziehen.

„Der möchte wohl Pfarrer werden", hörte ich Max sagen. Und alle lachten. Ich nahm mir vor, Max bei nächster Gelegenheit zu verbleuen.

Am anderen Morgen erwachte ich aus dumpfen Träumen, in denen Max den Mohrenkönig spielte und eine riesige Kiste schleppte, in der Myrrhe war. Ich wollte ihm die Kiste entreißen, aber es gelang mir nicht, so daß mir auch der Traum keine Anhaltspunkte gab. Verstimmt begann der Tag, an dem die Entscheidung fallen mußte, was eine Myrrhe sei. Aber sie fiel nicht; und ohne Hoffnung schlich ich abends zum Opacher Stadel zur letzten Beratung; denn morgen war der Dreikönigstag.

Der Karrer Hans hatte mittlerweile zwar erfahren, daß aus der Myrrhe eine Arznei gemacht wird; doch was für eine und wie sie aussah, hatte auch er nirgends erfahren können. Und zum Apotheker zu gehen, fürchteten wir uns, weil wir bei ihm noch vom Sommer her einiges gut hatten wegen der Stachelbeeren in seinem Garten.

Unser Dreikönigszug schien also immer fragwürdiger zu werden; denn daß er echt und genau sein müsse – darüber bestand für uns kein Zweifel; man konnte ja schließlich nicht mit Hoffmannstropfen oder Aspirin anstatt mit Myrrhe durchs Land ziehen!

Daß bei uns aber überhaupt nichts echt und genau war, hatte ich aus dem frommen Buch bereits erkannt, und der Zweifel an der Berechtigung zu unserem Vorhaben quälte mich allmählich so sehr, daß ich mir Luft machen mußte und meinen Freunden davon mitteilte.

Sie lachten! Sie glaubten es mir nicht, so sehr ich mich auch ereiferte.

„Das mußt du uns schon schwarz auf weiß beweisen", forderte Willi.

„Und wovon hätten denn die echten drei Könige auf ihrer Reise gelebt, wenn sie nicht Gedichte aufgesagt und dafür Früchtebrot bekommen hätten, he?" fragte Hans.

„Die waren doch reich", wandte ich ein, „die konnten doch im Wirtshaus essen!"

„So – reich meinst du? Weshalb sind sie dann den ganzen Weg zu Fuß gelaufen?"

Ich kam nicht auf gegen sie. Aber ich wußte, daß sie im Unrecht waren, und machte ihnen den Vorschlag, das Buch zu holen, damit sie sich selber davon überzeugen können, wie unecht unser geplanter Dreikönigszug sei.

Da eine andere Einigung nicht zustande kam und der Zweifel nun langsam auch auf die beiden Freunde übergriff, verabredeten wir uns auf den späten Nachmittag des anderen Tages, an dem jeder seine Kostüme und Beigaben – mit Ausnahme der Myrrhe – mitbringen müßte.

Obgleich ich an diesem Abend später als erlaubt nach Hause kam, ließ man mich ungestraft, nicht etwa wegen meiner frommen Lektüre von gestern, vielmehr wegen meiner jüngeren Schwester, die schrecklich weinte und so sehr über Zahnweh klagte, daß sie bei jedem Bissen, den sie essen sollte, in ein wahres Indianergeheul ausbrach. Als sich Vater schließlich den bösen Zahn besehen wollte, erschrak er nicht wenig; denn mein Schwesterchen hatte viele kleine schmerzhaft brennende Bläschen im Mund. Ich mußte fortlaufen und den Arzt holen.

Der alte Doktor Binder stellte eine Entzündung des Zahnfleisches und der gesamten Mundhöhle fest, schrieb ein Rezept auf für eine Arznei zum Austupfen und schickte mich mit dem Zettel zum Apotheker.

Dort erhielt ich das Fläschchen mit der Arznei. Unter der Haustür las ich zufällig die

Aufschrift auf dem Schildchen der Flasche. „Myrrhentinktur" stand darauf gedruckt. Jetzt hieß es rasch handeln.

Ehe ich also die Stube betrat, füllte ich die Tinktur in ein leeres Fläschchen, klebte ein Zettelchen an und schrieb mit Druckbuchstaben das gleiche Wort darauf. Nur ein paar Tropfen des kostbaren Inhaltes behielt ich in der Originalflasche zurück.

Ich wollte meinen Sieg auskosten, als ich am Nachmittag des 6. Januar zum Opacher Stadel eilte, das fromme Buch unterm Arm und die Myrrhe in der Hosentasche.

Es war ein klirrend frostiger Tag, und der Hauch wehte in weißen Schwaden aus unserem Mund, als wir, eng zusammenhockend, einander die Geschichte von den drei Königen vorlasen.

„Er hat recht", sagte Willi, als wir am Ende waren: „Sie haben nicht gebettelt."

„Wozu sind sie dann eigentlich ausgezogen?" fragte der Karrer Hans.

„Hast du doch selbst gelesen!" gab Willi zur Antwort: „Sie haben das Kind gesucht und es angebetet." Dann war es lange still im Opacher Stadel. Bis endlich Willi sagte: „Gehen wir also!"

Wir standen auf, holten die Kostüme unter der Strohschütte heraus und zogen sie an.

Ich nahm die Blechschachtel hervor, die ich mit Ruß gefüllt hatte, und machte mich schwarz; keiner erhob Einspruch.

Der Karrer Hans zündete den Stern an und trat hinaus; es war dunkel und kalt, und die anderen Sterne leuchteten mit dem unseren um die Wette.

Schon kamen von überallher Kinder und schlossen sich an, aber ihr Johlen und Schreien verstummte, als sie den unerschütterlichen Ernst in unseren Gesichtern sahen.

Bis wir zur Kirche kamen, waren wir ein langer Dreikönigszug. Es war leer und fast dunkel im Gotteshaus, und der Stern ging uns voran und blieb bei der Krippe stehen. Dort knieten wir nieder, die Kinder alle hinter uns. Und wir brachten unsere Gaben: Hans einen goldenen Messingknopf und Willi den geklauten Weihrauch. Alle sahen zu mir herüber: Ich stellte die braune Flasche mit dem Etikett und den paar Tropfen Myrrhentinktur vor das göttliche Kind hin und sah, daß es über die Aufschrift auf der Flasche lächelte. Es war doch noch alles ganz echt geworden!

Edmund Johannes Lutz

Zur Vorbereitung auf Weihnachten

Petra Deinhofer (Hrsg.)

Weihnachtliche Zeit

Werkbuch für Familie, Kindergarten, Grundschule

132 Seiten, Zeichnungen und Notengrafiken, kartoniert, ISBN 3-7698-0693-X

Die Weihnachtszeit will für Kinder gut vorbereitet sein, soll sie zu einem wirklichen Erlebnis werden. Die vor Ort entstandenen und in der Praxis erprobten Bausteine und Modelle helfen in Kindergarten, Schule und Familie, Kindern den Sinn des Weihnachtsfestes zu erschließen.

Karl Hochmuth/Margarete Kubelka

Der perfekte Weihnachtsbaum

und weitere Geschichten zur Weihnachtszeit für jung und alt

96 Seiten, Illustrationen von Felix Weinold, kartoniert, ISBN 3-7698-0682-4

Liebevoll verfaßte Weihnachtsgeschichten mit erstaunlicher Themenvielfalt, die ermunternd und nachdenklich zugleich durch die Weihnachtszeit begleiten und eine tiefe christliche Menschlichkeit verkünden. Hervorragend geeignet zum Vorlesen bei weihnachtlichen Feiern.